Witness the Rule of Law in China:
Interviews with Chinese and Foreign Legal Experts

见证中国法治

——中外法律名家访谈录

汪闽燕　著

人民出版社

序

　　中国的法治建设在过去几十年中取得了长足的进步，为国际法治建设也作出了突出贡献。中共十八届四中全会通过了《中共中央关于全面推进依法治国若干重大问题的决定》（以下简称《决定》），确立了全面推进依法治国的总目标，描绘了法治中国的宏伟蓝图。这是适合中国国情推进法治建设的伟大实践，尤其是在强调"让人民群众在每一个司法案件中感受到公平正义"方面，带有鲜明的中国特色，其成果必将为人类的法治文明进步作出重要贡献。

　　我们也看到中国近年来在多个国际场合发出自己的声音，提出中国方案。例如在 APEC 会议、G20 杭州峰会、"一带一路"国际合作高峰论坛、博鳌亚洲论坛等场合，中国都以她自己的方式在国际重大事件上贡献自己的力量。在各种国际组织中，例如联合国、世界贸易组织（WTO）、亚投行等，中国发出的声音越来越大，也代表发展中国家发出他们的声音，维护发展中国家的利益，促进世界和平与经济发展。

　　作者汪闽燕2001年毕业于华东政法大学，当时我是华东政法大学校长。毕业后，闽燕到英国曼彻斯特大学攻读硕士，随后又继续攻读了伦敦大学玛丽女王学院的法学博士，并以优异成绩毕业。回国后即进入法制日报社国际部工作。在我看来，闽燕是一个勤奋好学又有天赋的学生，无论在哪个学习阶段，都取得了非常不错的成绩。

　　工作后，闽燕心系母校，与母校保持紧密联系，也尽心尽力为母校做一些事情。看到她在工作岗位上取得的成绩，我甚感欣慰。从这本书中，我们可以看到她采访了多位中外法律名家，记录了这些法律工作者的人生经历、所思所想以及他们对中国法治发展的看法和建议。这些采访和记录从一个侧面反映了中国法治的进步与发展。

　　自中华人民共和国成立以来，特别是改革开放以来，中国的政治、经济、文化和法治都得到了快速发展，社会也发生了翻天覆地的变化。"全面推进依法治国、建设社会主义法治国家"在党的十八届四中全会上被确定为战略目标，《决定》从法治体系、良法、法律实施、司法公正、法治队伍建设等方面进行论述，已经超越了西方法治理论的范围，这既是继承了人类法律文明的遗产，也是适合中国国情的伟大实践。在中国的法治建设进程中，无数法律人在这一历史潮流中抓住机遇，在各自岗位上为中国法治建设兢兢业业、默默付出。

　　同时，世界格局也在悄然发生变化，国际力量对比正发生深刻变化：一方面，新兴市场国家和一大批发展中国家快速发展，国际影响力不断增强，相反，一些西方发达国家陷入金融与债务危机至今尚未完全恢复；另一方面，经济全球化将世界各国利益和命运更加紧密地联系在一起，形成了你中有我、我中有你的"利益共同体"。

在新形势下，习近平总书记提出中国要积极参与全球治理，推动全球治理体制向着"更加公正合理"的方向发展，开启了中国引领全球治理的新时代，以实现"两个一百年"奋斗目标、实现中华民族伟大复兴的"中国梦"。这为法律工作者提供了难得的历史机遇。在这股历史潮流中，越来越多的中国法学家、法官、检察官、律师等参与到国际活动和组织中，也有越来越多的外国法律工作者与中国展开合作，在不同的程度上参与中国的法治建设。

闽燕作为一名法治媒体的新闻工作者，在一线采访了数十位在国际法学界甚至世界上有影响力的法学家、律师、法官等法律界人士。带着记者的使命感和专业视角，她以过去十年来重大国际法治事件为背景，从这些中外法律名家的人生经历出发，讲述了一个个中国法治故事，展现了无数法律人为实现中华民族伟大复兴的"中国梦"所付出的艰辛劳动，凸显了中国在参与全球治理过程中所作出的中国贡献和中国方案。

本书是作者十年来法治记者生涯的记录和结晶，不仅可以作为读者了解中国法治建设进程的一个窗口，更有助于年轻一代法律人了解自己未来的职责所在，对他们的人生职业选择亦有参考作用。

谨以此为序。

何勤华

2017 年 4 月

C目录
ONTENTS
见证中国法治——中外法律名家访谈录

第一部分　中国人物访谈录

第二部分 外国人物访谈录

第三部分　观点

第四部分　游记

前　言

十年，不长不短，却可以在每个人的生命中留下或轻或重的一笔。

自 2007 年进入法制日报社成为一名记者以来，至今已有十年。这十年，收获很多，感慨很多，特别是长期奋战在国际法治新闻一线，使我对中国法治发展及其在世界舞台上的作用有更深的感受和理解。

这十年也是中国在国际舞台上发挥重要作用的十年，中国的法治建设以及在国际法治中的作用也日益彰显。可以说，中国在国际法治建设中正以她的方式贡献着中国智慧和中国方案。

在这十年里，我有机会采访了国内外多位在国际法学界或世界上有影响力的法学家、律师、法官等法律界人士；参加了多个国际大会；也游历了多个国家考察当地的法治建设。对于一名法学专业出身、又留学英国五年的人来说，每一次参访都有很深的感触。从被采访者的经历和独到的见解中，我看到了中国法治的发展变迁、中国法治在国际上的影响力以及中国在当今世界舞台上的变化和作用。我愿意用我这十年的采访记录、所思所想来展现中国法治如何走向世界舞台，并如何为世界法治贡献中国智慧和中国方案。

本书以采访人物的经历、见解和我的亲历为主线，以重大国际法治事件为背景，以深度采访和解读剖析，反映中国法治在世界上的形象及日益凸显的重要地位，从而勾勒出中国法治在国际舞台上地位的变化和现状。

十年记者生涯，让我见证中国法治的发展及影响力。本书收录的文章大部分在《法制日报》公开发表过。集结出书，不仅仅是对十年记者生涯的总结，更是提醒我不忘初心：推进中国法治建设和国际影响力的提升，做时代的记录者。

第一部分　中国人物访谈录

1.

张玉卿：回首当年中国加入WTO

| 人物简介 |

张玉卿　男，1943年生，毕业于北京外贸学院、美国乔治城大学，分别获国际商法、国际法硕士学位。原商务部条约法律司司长，在原外经贸部（商务部）工作期间，曾长期参与复关和加入世界贸易组织（WTO）的谈判，并主持了中美、中欧知识产权谈判，被龙永图誉为"中国首席WTO法律专家"。2004年，张玉卿成为中国首次入选WTO争端解决机构专家组的三位专家之一。

1995年7月11日，世界贸易组织（WTO）总理事会会议决定接纳中国为该组织的观察员。2001年9月12日至17日，WTO中国工作组第18次会议在日内瓦举行，此次会议通过了中国加入WTO多边文件并提交总理事会审议。

经过16年艰苦的谈判和协商，2001年11月10日，WTO多哈会议批准中国为正式成员。

2001年12月11日，中国正式成为WTO成员，成为WTO的第143个成员。

2011 年 11 月与张玉卿教授合影

　　在 2011 年 11 月西安交通大学法学院举办的中国入世十周年国际研讨会上，记者有幸采访了张玉卿教授，听他讲述中国加入 WTO 的点点滴滴。从张玉卿教授的讲述中，我们可以感受到，中国加入 WTO 是一个"勇敢而艰难"的选择，同时也是正确的选择。

加入 WTO 的质疑

　　实际上，中国一开始就是 1948 年 1 月 1 日生效的《关税及贸易总协定》(GATT) 原始缔约方，只是签订 GATT 的是当时的中华民国政府。新中国成立后，台湾当局于 1950 年 3 月退出了 GATT，但自 1965 年 1 月至 1971 年 10 月又在 GATT 中以"观察员"身份自居。

　　新中国成立之后，当时的中国由于注重国内的稳定与发展，加上对关贸总协定不是特别了解，因此出现了长达二十多年的空缺。直到 20 世纪 70 年代，中国的纺织品出口受到了各种限制，这时中国才从《国际纺织品贸易协定》中了解到 GATT 的作用。1986 年 7 月，我国开始正式提出"恢复"在关贸总协定的席位。

GATT 只是当时在各国批准建立国际贸易组织（ITO）期间，为使已谈成的关税减让及相关条文部分生效而达成的一个临时协定。由于美国国会的反对，ITO 始终未能建立。但由于 GATT 所确立的国际贸易制度，如推行关税减让、取消商品进出口数量限制、减少贸易壁垒，奉行最惠国待遇、国民待遇、互惠贸易等原则，对缔约方贸易有利，得到了国际社会的支持，所以一直临时生效，直至 1995 年 1 月 1 日 WTO 成立。

当时，中国的外经贸部对 GATT 作了很多的调查和了解。中国提出三条标准：第一是恢复在 GATT 中的席位；第二是关税减让；第三是以发展中国家的身份参加。之后便开始了漫长的复关和加入 WTO 的谈判。张玉卿教授说，从严格意义上来说，中国提出的三个基本要点有一定的道理，但客观上也有一定的缺陷。

第一，当时的 GATT 并不是合法的国际组织，它只是一个国际协定，充其量是一个事实上的国际组织。既然不是国际组织何谈"恢复"席位？所以当时西方国家很难理解。

第二，对于关税减让问题，西方国家提出一系列的质疑。这涉及一个深层次问题。当时中国基本上还是以计划经济为主、市场经济为辅的国家，但 GATT 是以市场经济为主导的。当时中国的外汇、外贸经营权、商品的进出口等都要受到计划的制约，所以西方人担心即便你把关税减让到零，中国依然可以通过实行配额、许可证的限制来控制进出口，完全可以抵消关税减让的作用。所以中国内在的经济运行体制就成了 GATT 缔约方关注的核心。

第三，以发展中国家的身份加入，这也是一个棘手的问题。GATT 生效时并没有发展中国家的概念，GATT 关于发展中国家的条款是 20 世纪 60 年代增加的。而且，何谓发展中国家，GATT 本身并无定义。

以"自称（self-alleged）"和被认可为准，何况西方国家也不会同意认定中国为发展中国家。

　　所以这三条标准在中国于 1986 年 7 月提交复关申请后，一直在争论探讨当中，缔约方对中国进行了长期的经济、贸易体制的审查，使复关和加入 WTO 进入了长期的马拉松谈判。当然，中国加入 WTO 也涉及很多其他的政治因素。

艰辛的博弈与勇敢的选择

　　WTO 成立后，设有中国工作组，处理中国加入 WTO 事宜。每年年初，工作组会把谈判日程定好，还有许多双边磋商。参加了大部分谈判的张玉卿说，当时谈判非常紧张和密集，他也去了很多地方，如华盛顿、布鲁塞尔、堪培拉等。

　　在当时，最重要的谈判对象是美国。美国人素有"世界警察"之称，在某种意义上，美国人的眼界非常开阔，不但考虑自己的利益，还把西方国家关注的问题都放在谈判里面，张玉卿说，这也是为什么美国的提议能得到其他国家支持的原因。所以事实上，当与美国达成协议，也表示与其他国家的谈判达成了一半。

　　张玉卿感慨到，参加那么多年的谈判，感受非常多。当时的外经贸部以及谈判代表团承受着来自多方面的压力。国内不同产业部门有不同的利益考量，外面有来自不同 WTO 成员的要价以及 WTO 法律规则的要求。原外经贸部所处的境地就像"三明治"，还好有党中央和国务院的正确指引，有懂得 WTO 规则的专家、学者的支持。

　　当时，国内反对的声音很大，还有人写信给中央，甚至代表团内都有抵制或反对的声音。但是当时中央的精神其实非常明确，那就是加入

WTO，谈好条件，确保中国经济贸易的健康发展。

张玉卿说，当时我们参与谈判的团员并未觉得参加 WTO 谈判有什么光荣，相反却受到很多压力，除去每天非常紧张的工作、谈判、看书、查资料、讨论问题，落实中央指示外，有时还处在极其紧张的气氛之中，例如，你可以随时听到某某产业无法经受外国商品冲击的言论，更加极端的说法是，外经贸部是卖国部。有人说加入 WTO 就等于"引狼入室"，是"狼"来了。还说如果加入 WTO，国企就会垮掉，会造成大量失业。回想起当时所承受的压力，张玉卿一度哽咽。

当时唯一支撑我们谈判的是中央的支持。每当我们写一个报告，中央的批示都非常坚定。张玉卿说，其实说良心话，中国老百姓当时是支持的，持反对意见的只是少数人，他们享受垄断的利益，惧怕竞争，还有的是享受计划经济的权贵，但是对老百姓而言，加入 WTO 后可以享受到更多便宜的产品，有更多的实惠。中国进一步的改革、开放，融入世界经济的贸易体制，加入 WTO 是必经之路。

刚加入 WTO 时，人们看到更多的是议定书中的所谓不利条款，其实，在最惠国待遇、一般保障措施、纺织品回归自由贸易、服务贸易的开放、外商投资范围、外国人在中国从事进出口贸易等方面，代表团都进行了艰苦卓绝的斗争，最终实现了中国的谈判目标。

谈判离不开中央的支持

当时江泽民总书记主持中央工作，朱镕基总理主持国务院工作。张玉卿说，江泽民总书记和朱镕基总理十分关心、关怀、重视谈判工作。中国跟美国达成的中国加入 WTO 协议就是当时朱镕基总理亲自参与谈定的。所以说中国加入 WTO 是当时党中央、国务院直接谈定的。如果没有当时朱镕基总理的亲自过问，中国加入 WTO 可能不知要拖后多少年。

张玉卿还回忆了当时的一个戏剧性情节。这发生在 1999 年 11 月 15 日，如果没有这个戏剧性的变化，也许就没有那么快加入 WTO。当时，中国与美国谈判的大部分协议已经达成，只剩几个条款一直谈不拢。11 月 14 日晚，美国代表团玩起了失踪，并威胁次日要离开中国，谈判进入僵持阶段。直到晚上 11 点钟，美国代表团要求在次日即 11 月 15 日凌晨 4 点半继续谈判。11 月 15 日早晨 8 点，在一楼大厅，双方的谈判还在进行，甚至是争吵。突然，当时正在谈判大厅的张玉卿发现，时任国务委员吴仪只身走进外经贸部大院，张玉卿觉得自己不适合直接上前迎接，便立即叫条法司的杨国华去叫正在进行谈判的龙永图副部长。龙部长出来还很着急地说："我正在谈判，有什么急事？"张玉卿说，你看谁来了。龙部长一看吴仪来了，赶快出来迎接。吴仪很直接地问："总理来了，一会儿要见巴尔舍夫斯基（美国代表团团长）。你们现在谈得怎么样了？我们先碰碰头。"

当时，所有的电梯、楼道都管制起来了。朱镕基总理、钱其琛副总理、吴仪国务委员等领导同志在外经贸部的会议室与美国谈判代表团一直谈到中午 12 点多。突然，门开了。朱镕基总理说："我们走吧，其琛你不是还有个会吗？"之后，吴仪把我们都召集起来，说所有的问题都谈定了，不要再吵了，你们现在去核对文本，下午 3 点半，朱镕基总理要对外宣布消息。

张玉卿说，让我们感到惊讶的是，没想到中央领导对中国加入 WTO 的焦点问题都了如指掌，该让的就让，该坚守的就坚守，短短几个小时就敲开了中国加入 WTO 的大门！

十年的表现与结果证明当时中央的决定是正确的。从加入 WTO 起，中国大大改变了国际贸易环境，中国经济贸易得到了持续快速的发展，实践是检验正确与否的唯一标准，我们应为中国加入 WTO 而庆幸。

为国家和民族做了件好事

中国入世迎来了十周年。当我们今天在庆祝入世取得的成绩时，也许很难想象在当时，中国加入 WTO 并没有迎来多少喝彩。

张玉卿回忆到，当时跟美国谈成协议后，我们有兴奋的一面，因为跟美国谈判的成功解决了中国入世的一个主要难题，与美国达成协议等于推开了入世的大门。但是，除美国之外，中国还需跟其他国家谈判。当时就有人提出，给美国的协议好处为何要给其他国家，他们不理解 WTO 的最惠国待遇原则。而且，其他国家，如欧盟、澳大利亚等还提出其他不同的条件。

1999 年与美国达成协议、2000 年与欧盟达成协议以及 2001 年中国加入 WTO 的协议达成后，外经贸部以及中国入世谈判代表团并没有迎来多少喝彩。相反，持不同意见的声音还是很大，认为让步太多，比晚清政府签订的卖国条约还要糟糕，是在"引狼入室"；还有人认为中国不需要 WTO，认为只要坚持改革开放，要不要 WTO 无所谓。

与此形成鲜明对比的是美国代表团的情形。张玉卿至今依然清晰地记得，当时美国与中国达成协议后，美国代表团团长巴尔舍夫斯基女士，一兴奋误闯到外经贸部的男厕所给美国总统克林顿打电话。当时克林顿在土耳其访问，正在洗澡，说："祝贺你们，你们有什么要求我答应你们。"团长说："我们全体成员希望总统能接见我们。"后来，美国代表团真的受到了美国总统的接见。

中国改革开放真不容易。谈判经过了 15 年的艰苦努力，面对着外边的骄横跋扈，索取高价，内部的反对与埋怨。然而，中国毕竟克服了种种艰难与阻扰，顺应民意与世界大趋势，加入 WTO。看到这十年中国经济贸易的辉煌发展，看到中国走上了一个新台阶，让世人羡慕，这可能是对代表团的最大慰藉。他们为国家、为民族做了一件好事。

（本文发表于《法制日报》2011 年 11 月 15 日）

| 跟进报道 |

中国执行 WTO 裁决表现最好

中国加入 WTO 之后，越来越多的贸易救济规章出台，执行问题变得突出，因此对于案件在裁决后如何有效执行成为 WTO 裁决能否实质有效的标志。与其他成员国相比，中国的执行情况是最好的，中国秉着善意履行国际法律义务的态度，诚信地履行了 WTO 争端解决机构（Dispute Settlement Body，简称 DSB）的裁决。但是，为了维护我国的利益和更好地执行 WTO 裁决，应尽快制定执行 WTO 裁决的程序和规则。

2013 年 10 月 25 日，第四届 WTO 法律问题年度专题研讨会在西安举行，来自国内外研究 WTO 问题的法律专家和学者就近年来出现的有关 WTO 的问题进行讨论，并纷纷提出建议。其中，DSB 的裁决执行问题得到了与会人员的特别关注。商务部条法司原副司长杨国华希望理论研究能关注裁决的执行问题，包括中国和其他国家裁决的执行情况。中国加入 WTO 之后，越来越多的贸易救济规章出台，执行问题变得突出，因此对于案件在裁决后如何有效执行，应给予开创性研究。

中国执行 WTO 裁决表现最好

记者从与会中外法律专家的讨论中了解到，总体而言，目前 WTO 成员国执行 DSB 裁决和建议的表现是较好的，但也存在着一些成员国拖延或拒不执行的情形，这在执行审查和报复程序中都有所体现。与会者一致认为，与其他成员国相比，中国的执行情况是最好的，中国秉着善意履行国际法律义务的态度，诚信地履行了 DSB 的裁决。

例如，在汽车零部件案中，合理执行期限为 7 个月零 20 天，于 2009 年 9 月 1 日到期。2009 年 8 月 15 日，中国工业和信息化部以及国家发展和改革委员会联合发布命令，停止实施《汽车发展产业政策》中涉及汽车零部件进口的相关条款；2009 年 8 月 28 日，海关总署和相关部门联合发布命令，撤销了 125 号法令。在知识产权案中，中美协商达成一致意见：该案的执行期限为 14 个月，于 2010 年 3 月 20 日到期。其间，中国修改了《著作权法》和《知识产权海关保护条例》，消除了与 WTO 协定的不符之处。在出版物案中，中美双方议定的执行期限为 14 个月，于 2011 年 3 月 19 日到期。该案涉及 18 项规范性法律文件，中国政府在合理期限届满前后已经修改了《出版管理条例》《音像制品管理条例》《音像制品进口管理办法》《订户订购进口出版物管理办法》《电子出版物管理办法》《出版物市场管理办法》，但尚有部分法律文件仍在修改之中。2011 年 4 月 13 日，中美达成关于执行审查、报复仲裁程序及两者关系的协议。

在磋商解决的案件中，中国都认真履行了磋商谅解备忘录中的承诺，这些案件包括集成电路增值税案、税收优惠案、金融信息案、出口补贴案，在这些案件中，起诉方都没有对中国的履行行为提出异议。

强大执行力源于中国尊重 WTO

成员国执行 DSB 裁决的表现取决于诸多因素，南开大学左海聪教授认为，主要包括成员的执行决心和态度、成员国国内的阻力、执行的复杂程度、成员对不执行所导致的形象损失的考量、成员对执行与不执行的利益考量。

而美国在遵守国际法和国际条约上的一般态度可以概括为：以国家利益为标准；国内法与国际条约处于同等地位，但在贸易和人权领域国内法优于国际条约；人权领域和贸易领域的国际条约不能在美国法院直接适用；对 WTO 之 DSB 的裁定执行考虑美国的利益平衡——出口集团和进口竞争集团的利益较量和妥协。

左海聪说，中国对每个裁决都努力执行，体现了一种强大的执行力和坚决执行的态度。强大的执行力来自于全国人大常委会和国务院都较容易形成一致意见，从而使得法律、行政法规、部门规章、地方法规和规章的修改与废止都变得可以预期。坚决执行的态度则来源于中国诚实守信的文化传统以及信守国际义务的国际法律传统，其前提则是中国尊重 DSB 的裁决，支持 WTO 体制。

对此，商务部条法司原司长张玉卿表示，中国很好地执行 WTO 的 DSB 裁决，体现了中国负责任贸易大国的形象，长远来讲，对中国未来的发展和提升中国的国际地位都有益处。中国国际经济法学会会长曾华群教授也表示，中国在执行 WTO 的 DSB 裁决上的表现值得肯定，同时也希望通过自己的模范执行行为促使他国也认真执行 WTO 裁决，从而树立中国在国际上负责任的形象。

裁决执行还需相关法规支持

中国虽然在执行 DSB 裁决上表现可嘉，但是十多年过去了，执行过程中也出现了一些操作上的问题。比如，一项裁决的执行通常涉及多个部门，如商务部、财政部、发改委等，如何协调这些部门尚无明确的相关法律或法规支持。

为了更好地执行 DSB 的裁决，2013 年 7 月 27 日，商务部审议通过了《执行世界贸易组织贸易救济争端裁决暂行规则》。但是，商务部条法司于方处长表示，该规则仅有 8 条，而且这只是一个部门规章，无法达到协调与其他部门关系的作用。

中国社科院国际法研究所国际经济法室主任刘敬东认为，美国、欧盟等 WTO 成员在 WTO 作出对其不利的裁决后虽均表达了尊重和执行的愿望，但实际上美国、欧盟在实践中又大多以相关国内立法或程序为由拖延执行对其不利的裁决，为其国内或区内产业争取时间和空间。我国目前尚无相关立法，为了维护我国的利益和更好地执行 WTO 裁决，刘敬东建议尽快制定执行 WTO 裁决的程序和规则。

（本文发表于《法制日报》2013 年 10 月 29 日）

| 记者手记 |

中国加入 WTO 是历史的选择

——写在中国加入 WTO 十周年之时

加入世界贸易组织（WTO）是我国经济发展和改革开放的一个重要里程碑，是中国与世界分享繁荣、实现共赢的十年，也是改革开放的延续和深化。WTO 不仅在经贸领域给中国带来了新的法律法规和政策环境，也带来了新的管理与法治理念；既为中国经济的长期快速发展奠定了基础，也为世界经济的持续繁荣提供了强大后盾。

2001 年 11 月 11 日出版的《人民日报》社论《改革开放进程中的一件大事——祝贺中国加入 WTO》写道，"加入世贸组织必将对新世纪中国的经济发展和社会进步产生深远的影响"。这十年中国的发展正好印证了这一点。

中国加入世贸组织不到十年的时间，便发展成了世界第二大贸易国、第一出口大国。现在的出口量是 2001 年的 6 倍，占世界出口总量份额翻倍。而进口量也飞速增长，从世界第六大进口国变成世界第二大进口国。经济总量跃居世界第二。而且，在过去的十年里，中国是吸引外资最多的发展中国家，并且超过大部分发达国家。中国已经不再是 2001 年时的中国了。国内生产总值增长 3 倍多，中国人民收入显著提高，两亿多人摆脱了贫困。

除此之外，这十年见证了中国和世界其他国家关系的巨大变化，特别是在经济和贸易领域。中国入世对中国和世界都是成功之举，这是双赢的抉择。中国入世这十年不但改变了中国，而且改变了世界。

WTO 的核心就是其确立和维护的一整套国际贸易规则，加入 WTO 必须善用国际规则，保护我国的合法权益，分享全球经济一体化成果。同时，我国也积极参与国际贸易规则的制定和完善，推动形成公平、合理的国际贸易体系和平等参与的世界经济治理机制。

十年来，中国认真履行了加入 WTO 的各项义务和承诺，平均关税水平从 15.3% 下降到 9.8%，开放了 100 多个服务贸易部门，引入了竞争，提高了市场化程度，增强了企业生存、适应和发展能力，使中国成为全球最开放的市场之一。

十年来，中国建立起统一的、可预见的、符合世贸规则的贸易体制，经历了历史上最大的清理法律法规工作。世界上没有哪一个国家像中国这样，花如此大的精力来修改相关法律法规，并且为学习 WTO 规则投入如此大的财力、物力。

为了履行入世承诺，当时中国的法律法规清理工作涉及3000多个中央一级法律法规和部门规章与19万件地方性法规规章。为了能够及时履行入世承诺，当时中央各部委都成立了相关部门，负责法规的清理工作。商务部作为主要负责部门，还成立相关部门为其他部门提供咨询，解释世贸规则以及不一致的地方。

2001年加入世贸组织是中国改革开放的一个重要里程碑。这十年中国完成了从世贸组织的新成员到多边贸易规则的参与者并逐渐成为推动者的重大转变，成为世贸组织的一个成熟成员。

在这十年中，中国走过了风风雨雨，不断应对来自美国、欧盟等的有关"双反"调查，同时也利用WTO规则展开调查。十年是一个里程碑，也是一个重要的历史时刻。

在过去的十年里，有关WTO涉及中国的案子共有21个，其中作为原告的有8个，作为被告的有13个。目前大概有10个案子处在不同阶段，比如磋商、第一阶段、第二阶段。2011年中国在两个案件中取得重大胜利，即中国诉欧盟紧固件反倾销案及诉美国的反倾销反补贴措施世贸争端案。

经过十年，中国已经融入WTO的游戏规则中。当时的WTO规则司司长约翰·休曼说："根据我的观察和了解，中国已经能够熟悉掌握WTO规则，能够利用WTO的争端解决机制参与及提起诉讼。"中国是WTO争端解决机制最大的使用者。

为了能够利用WTO的争端解决机制，商务部从一开始就建立了四体联动机制。只要案子一到商务部，商务部即成立工作组，此工作组由四部分人员组成。首先，核心部分主要是商务部条法司。其次，如果案子涉及反倾销，条法司会邀请公平贸易局参与；如果涉及反补贴，则邀请财政部、发改委等；如果涉及原材料，则会请工信部等。再次，商务部会邀请中国律师参与合同政策的梳理。最后，如有必要，会邀外国律师写诉状、开庭及辩论，此时，中国律师起配合的作用。现在，四体联动机制应用更为成熟。各部委联动更加协调、通畅。而且，中国、外国律师的人选也比较充分。

中国加入 WTO 十年来，经济贸易规模不断扩大，国际地位也随之显著提升。WTO 不仅在经贸领域给中国带来了新的法律法规和政策环境，也带来了新的管理与法治理念。"经济一体化""政策透明度""国际化、法治化""可持续发展"等观念逐渐深入到社会各个领域。因此，学习 WTO 规则、总结中国加入 WTO 十年来的经验，将有利于促进中国经济社会发展，推动世界繁荣和谐。

2.

赵宏：当WTO大法官是一项伟大事业

| 人物简介 |

    赵宏　女，1969 年生，毕业于北京大学法学院，先后获得北京大学法学学士、法学硕士、法学博士学位，现为国际贸易经济合作研究院副院长。曾任商务部反垄断局副局长、中国常驻世界贸易组织代表团公使衔参赞等职，参与中国多部重要的外经贸立法工作。2016 年 11 月 23 日，WTO 争端解决机构召开会议，决定任命中国籍赵宏女士为上诉机构大法官。2017 年 1 月 25 日，赵宏宣誓就任 WTO 争端解决机构上诉机构成员。

    2017 年 1 月 25 日，中国籍赵宏女士在瑞士日内瓦宣誓就任世界贸易组织（WTO）争端解决机构上诉机构成员。至此，赵宏成为 WTO 上诉机构的第二位中国籍女性，同时也是当前上诉机构成员中唯一的一名女性成员。

    在赴日内瓦宣誓就职前，赵宏在北京的家中接受了《法制日报》记者的专访，讲述她如何成功"应聘"WTO 争端解决机构上诉机构成员、准备如何当好 WTO 上诉机构的法官以及人生经历。

淡泊的理想主义者

一走进赵宏的家中，记者即被满屋子的书给震撼住了，客厅的三面墙上摆满了书（另一面是窗户），其中一面墙上的书全是英文书籍。赵宏笑着说，"我们家买得最多的就是书了"。记者注意到，除了客厅里都是书外，餐厅的墙上也摆满了书。眼睛所到之处，所看到的几乎都是书的影子。

这并不是我与赵宏的首次见面。与赵宏的第一次见面应该是 2011 年在西安交通大学法学院的一次国际投资的会议上。当时的赵宏还是中国常驻 WTO 代表团的参赞，来西安参加会议并做嘉宾发言。赵宏给人的印象就是知性、大方、为人随和。

之后在 2012 年，法制日报社组织代表团赴欧洲采访，得知我们想赴日内瓦采访 WTO，赵宏特别热心地帮助我们联系采访事宜，令我们非常感动。在采访期间，赵宏还积极帮我们联系采访单位，带我们参观 WTO。尽管多年过去，我依然清楚地记得当时的场景。

作为一名熟悉国际法的稀有人才，实际上会有许多大公司和律所以高薪聘请她。"我对物质方面没有太多的要求，更加注重精

2017 年 1 月，赵宏在北京家中接受采访。

神领域的追求，我也是一个比较理想主义的人。"赵宏说，之前在商务部等部门工作，参与很多国内的立法，觉得每一个立法都关系到人们生活的方方面面，因此必须干好这份工作。现在到 WTO 上诉机构，从事的更是一份"伟大的事业"，因为这是在推动世界的和平。

在许多外交场合，赵宏均表示，上诉机构是推动世界和平的力量，只有和平地解决争端，才能增进世界和平，给世界带来繁荣。自上诉机构 1995 年成立以来，在解决 WTO 成员间贸易争端方面发挥了重要的作用，有效化解了成员间的贸易摩擦。赵宏说，上任之后，更要努力工作，尽自己所能，为世界和平贡献一份力量。

"成员"与"法官"之争

2016 年 11 月 23 日，WTO 争端解决机构召开会议，决定任命中国籍赵宏女士为上诉机构成员。上诉机构成员为官方的名称，在实际职能上，上诉机构成员相当于法官，对 WTO 专家组的报告的上诉进行裁决。国内的许多报道，都以 WTO 大法官来描述上诉机构成员。

"法官"之称还是"成员"之称，这背后实际上隐藏着对 WTO 上诉机构角色定位之争。WTO 争端解决机构上诉机构的英文名为 "Appellate Body"，而不是通常所称的"法院"或"法庭"（英文名为 "Court"），因而其被任命的人员为"Member"（成员），而不是法官（Judge）。

对此，来自日本的、曾是上诉机构成员的 Mitsuo Matsushita 还专门写过一篇文章称，上诉机构成员所承担的职能实际上就是法官的职能，应当称为"法官"更为合适，而不是"成员"，这样才能增加成员的荣誉感，增强法治的信心。

在上诉机构成立之初，来自欧洲的许多国家认为，应当成立"上诉法院"，让其机制化，人员任命为法官，希望这个职务是个永久性的职务。但是美国对此表示怀疑，对外贸权作为国家主权能否被裁决表示质疑。在一番妥协之后，这个机构最终以"上诉机构"命名，而不是法院。成员也是兼职性质的，不是全职的。

兼具学术实务背景

根据《关于争端解决规则与程序的谅解》（DSU）第17.1条的规定，上诉机构是由争端解决机构（DSB）设立的常设机构，负责处理不服专家小组裁决或建议的上诉案件。上诉机构成员由7人组成，四年一任，可以连任一次，每两年更换其中三人。

由此可见，对上诉机构成员的要求是极高的。根据DSU第17条的规定，要成为上诉机构成员的个人必须具备相当的职业技能，即上诉机构成员必须是在法律和国际贸易领域中公认的权威，对世贸组织的有关协议具有专业知识。

据WTO官网的报道，与赵宏一起"竞争"上岗的还有6位候选人，他们分别来自日本、尼泊尔、中国、澳大利亚、马来西亚、土耳其，最终赵宏脱颖而出。

赵宏凭借什么脱颖而出？"我想可能是我不但具有学术功底，还有实务经验。"赵宏说。

赵宏，毕业于北京大学法学院，先后获得北京大学法学学士、法学硕士、法学博士学位，为北京大学法律硕士研究生导师，中国政法大学兼职教授。曾在中国外经贸部、商务部条法司、国际贸易谈判代表办公室、反垄断局、世界贸易组织司等单位任职，在国际经贸法律和世贸组织等领域有丰富的工作经验。自 2004 年 1 月，先后任商务部国际贸易谈判代表办公室谈判代表助理、反垄断局副局长、中国常驻世界贸易组织代表团公使衔参赞（自 2012 年 7 月任正司级公参）、商务部世界贸易组织司正司级谈判专员。她的专长领域包括知识产权法、国际贸易法、国际投资法、竞争政策、争端解决和世贸组织法等。曾发表国际经济法、对外贸易法、合同法、外资法领域著作论文若干。

记者梳理现任和以往上诉机构成员的背景发现，这些成员多为大学教授、律师出身，赵宏是少有的具有很强法学背景和实务经验的人。

WTO 官网对赵宏的介绍还特别提到赵宏曾于 1999 年至 2004 年担任北京市第二中级人民法院经济庭的人民陪审员。赵宏说，在面试的时候，面试官还特别问她当人民陪审员的经历，并询问人民陪审员与法官的区别。她说，在当人民陪审员期间，她每年一般会参与一至两个案子，虽然人民陪审员可以书面审理案子，但是她还是会尽量参加案件的审理。

"面试官翻看我简历的时候，特别惊讶于我居然有这么多的活动。"赵宏笑着说道。

赵宏的法律实务经验非常丰富和翔实。"这得益于我从大学毕业以来，一直在比较重要的岗位，而且在最前沿的领域实践着外经贸法律。"

赵宏曾参与中国多部重要的外经贸立法（如对外贸易法、政府采购法、反垄断法、合同法、物权法等）工作，参与 WTO、联合国贸法会（UNCITRAL）、贸发会议（UNCTAD）、亚太经合组织（APEC）、经合组织（OECD）等国际组织的贸易、投资、知识产权、竞争政策的谈判和规则制定，参与美欧日等国与我国的双边知识产权谈判、国外对我纺织、钢铁等产业的贸易摩擦（反倾销、反补贴、保障措施、特保、纺织品特保、337 条款等）应对，曾负责多边投资争端解决、经营者集中反垄断审查、海上陆上石油天然气投资协议和政府贷款合同审查及国际技术转让法律工作等。

特别是在 2009 年至 2014 年期间，赵宏在中国常驻世界贸易组织代表团工作，相比其他候选人，她更加了解 WTO 当前最关注的是什么，目前的运作机制如何。当时，她还曾经代表中方面试过之前竞聘上诉机构成员的候选人。

被同行称为 "Dragon Lady"

在 WTO 圈，赵宏是一个小有知名度的人。一些外国同行戏称她为 "Dragon Lady"（龙女）。这不仅仅是因为她来自中国，更是因为她敢于为发展中国家和小国家发声，敢于表达自己的观点。

WTO 上诉机构许多争端案件通常牵涉争端当事国的重大利益，因此上诉机构的 7 名成员，责任重大，而且任何一个裁决都将形成先例。对于发展中国家和小国家而言，更希望案件得到公正处理，维护合法权益，解决纠纷。

在多年以前，赵宏曾经做过一件轰动 WTO 圈的事情。

2006 年，美国、日本发起《反盗版贸易协定》，随后加拿大、欧盟、韩国等先后加入讨论。2010 年 12 月，参加谈判的 39 个国家就协定文本达成一致。这个《反盗版贸易协定》制定了比现行 WTO 协定中《与贸易有关的知识产权协定》（TRIPs）更强硬和更高的保护知识产权的标准，关系到众多发展中国家的利益。但是文本的谈判却秘密进行，是不公开的。

当文本被公开后，来自印度的代表希望将对该文本的讨论列入 WTO 讨论的一次会议的议程中，但是却遭到来自发达国家的反对。因为议程通不过，会议就无法开始。在那次会议上，赵宏作为代表首先发言，一口气讲了 40 多分钟，首先批评协议是秘密谈判，程序不透明，对于如此关系到发展中国家利益的协议，连将此议题列入会议议程都受到如此大的争议，是不可理解的，发展中国家需要对该协议发表实质性的意见。她还从理论上和实践中层层论述了该协议的影响。这个发言当时震撼了整个 WTO 圈。"后来，许多外国同行还打电话跟当时的中国常驻 WTO 代表团大使询问此事。"赵宏笑着说道。之后，这个协议在欧盟的讨论中被否决，美国最终也否决了这个协议。这个协议最终也就流产了。

"由于我能够把问题说清楚，并且能够维护发展中国家的利益，敢于发声，所以很多成员国还是比较支持我的。"赵宏说。

历经 40 多场面试

2016 年 4 月 7 日至 8 日，遴选委员会对 7 名候选人进行面试，但这只是面试的开始。赵宏说，从 4 月 7 日至 20 日，她一共经历了 40 多场面试，因为除了遴选委员会的面试外，候选人还要接受 WTO 成员国的面试。"有时候，一天就有四五场面试。"

根据《世界贸易组织常设上诉机构上诉审理工作程序》的规定，上诉机构成员的产生由 WTO 各成员的代表提名。然后，总干事、争端解决机构主席、总理事会主席、货物贸易理事会、服务贸易理事会和知识产权理事会的主席联合组成遴选委员会进行面试，候选人还要接受成员国的面试和询问。最后，争端解决机构在全体成员会议上经所有成员达成共识后，确定拟任人员并正式任命。

"这是一个非常紧张的过程。"赵宏说，这次遴选各国都非常重视，光欧盟和美国就面试了两次，面试官还会提出一些尖锐的问题。"我们还专程去了一趟欧盟总部，面试官包括前任、现任和候任主席国主席等10人，共回答了10个问题，前后两个小时。"

对于这次面试，赵宏做了相当充分的准备。由于前任上诉机构成员张月姣刚刚离任，此次中国推出两名候选人，所以希望两个人中能产生一位。

由于准备充分，加上有较强的法学背景及实务经验，赵宏在第一次参加上诉机构成员的遴选中就获得成功。上诉机构成员的竞争向来激烈，很多上诉机构成员都是经过2次甚至3次遴选才获得成功的。

肩负使命责任重大

上诉机构在争端解决机制中具有相当高的地位，因此，能够荣任上诉机构成员也是一件可以荣耀半生的事情。

要成为上诉机构成员，除了本人的实力外，还需要自己国家的推荐。要被选为上诉机构成员应当在国际贸易法界具有相当的学识和地位，也需要所在国在WTO体系内具有相当的重要性，这两样可以说是缺一不可。

在得知自己被选上后，赵宏说，感觉自己肩上责任重大，使命艰巨。她形容，这是一次"艰辛之旅，也是孤独之旅"。

2016年，WTO上诉机构一共作出了6个报告，而2017年预计大约有20个报告上诉到上诉机构，因而2017年也被戏称为"案件海啸"之年。

上诉机构成员采取轮流方式处理案件，每一个案件应由其中3人处理。但是，每一个报告的作出，都需要获得其他4人一致同意，除非某人因为利益冲突不能参与案件。因此，另外4人都要参加案件的听证会。当前，上诉机构成员的工作状态是每周 7 天，经常是从早上工作到晚上。

"虽然我还没有到日内瓦宣誓就职，但是上诉机构已经给我发来了许多材料，必须在上任前抓紧把材料看完，才能在正式就任后就进入工作状态。"赵宏笑着说道。

尽管预计会很忙碌，但是赵宏说，自己能够被选上，说明大家信任你，所以要尽自己所能，把工作做好。作为一名来自发展中国家的人，应该更好地维护发展中国家的利益。

在赵宏看来，裁决案件要依照法律，秉持国际法治、独立公正的精神。每一份裁决都要经得起历史的检验。"虽然法官是在裁决具体的案子，但实际上是历史在裁决你。"

"一名成功的法官，不仅要有专业素养，还要有高尚的人格魅力。"每个法官都来自不同的国家，有不同的背景，不可避免会有不同的观点和立场。上诉机构的每份裁决都要获得 7 个成员的一致同意，因此只有具有高尚的人格魅力，才能更好地说服别人，才能获得其他成员的支持。

（本文发表于《法制日报》2017 年 1 月 20 日）

| 相关报道 |

走进 WTO：中国和平发展需要国际话语权

1986 年，中国开始正式提出"恢复"在关贸总协定（GATT）的席位。经过 16 年的谈判，2001 年 12 月 11 日，中国最终正式成为 WTO 成员国。

中国常驻世界贸易组织代表团在瑞士日内瓦的办公场所

　　加入之初，有人支持，有人质疑。如今，中国已经加入 WTO 逾十年，而过去十年正是中国经济发展最快的十年。但在 2011 年中国加入 WTO 十周年之际，有些学者仍然提出这样的质疑：中国加入 WTO 是个错误的选择或者说弊大于利。甚至即使现在，也有人认为，何必用这么多的国际规则来束缚自己。中国目前已经是世界第二大经济体，不再需要这些规则。

　　实践是检验真理的唯一标准。十多年过去了，中国的实践以及发展是否可以判断和衡量加入 WTO 的正确性？中国的发展还需不需要 WTO？中国未来在这个世界舞台上发展需不需要 WTO 规则？带着这些问题，2012 年 11 月 19 日，记者拜访了在瑞士日内瓦的中国常驻世界贸易组织代表团（以下简称"代表团"）公使衔参赞赵宏博士。

　　代表团是全面代表中国在 WTO 权益的外交机构，也是全面行使中国在世贸组织谈判、贸易政策审议、争端解决以及所有其他事务的全权外交代表机构。

　　可以说，代表团是奋战在一线的、与其他 150 多个成员国代表机构接触、磋商和谈判的代表中国利益的机构。中国自 2001 年 12 月加入 WTO，2002 年便设立了代表团。代表团成员们的亲身经历、感受、眼界和看法相信都是最直接，也是最具有说服力的。

中国角色的变化

据统计，十年来，中国在 WTO 争端解决机制下共起诉案件 11 起，涉及 11 个争议事项，主要针对美国和欧盟等发达成员；被诉案件 29 起，涉及 18 个争议事项。此外，中国还以第三方身份参与了 92 起世贸争端案件。2009 年，由于 WTO 新发生案件半数以上涉及中国，使得中国超越美国、欧盟而站在当年世贸争端解决活动中心，被评论为"中国在世贸争端解决中的崛起年"。

对此，赵宏表示，中国自 2001 年加入 WTO，已经从一个参与者变成活跃者，从应诉方更多地成为起诉方。自 2001 年中国加入 WTO 至 2004 年，没有涉及中国的案件发生；2005 年开始出现了涉及中国的案件，而且越来越多；到 2009 年，涉及中国的案件数超过美国及欧盟，中国因此成为世贸争端解决活动的中心。而且，中国加入 WTO 后，对国内相关法律作了大量的调整，在案件败诉后，也能及时对相关法律政策进行修改，以遵守 WTO 规则。

而中国在 WTO 的活跃程度和地位也可以从代表团在 WTO 的地位体现出来。中国代表团目前是 WTO 中比较大的团。赵宏表示，中国刚加入的时候，是一个初学者，但是随着这十多年的发展和能力的提高，中国在世贸组织中已经起到了一个非常核心和建设性的作用。因为在世贸组织当中，有很多范围内的谈判，而且几乎不管多小的范围，都有中国的身影。

赵宏表示，中国目前已经进入了核心层。自 2008 年时任商务部部长陈德铭被邀请参加 G7（美、欧、日、中、印、巴、澳）的多哈磋商，标志着中国开始进入核心层。目前，各国代表机构都很重视中国的意见。可以这样说，如果中国说这个事情不行，那么这个事情就真的很难行。

"我们历来都是破纪录的"

贸易政策审议是 WTO 对全体成员适用的一个永久性机制，对所有WTO 成员都要定期进行贸易政策审议。贸易额在全球排名前 4 位的成员，每两年进行一次审议；排名 5 至 20 位的成员，每 4 年一次；其他成员每 6 年一次。2010 年，WTO 对中国贸易政策进行审议。在那次会上，中国收到了来自其他会员国的 1500 个问题，成为所有被审议国家中问题最多的国家，在审议史上创下纪录。

"我们历来都是破纪录的"，赵宏说，"每一次都破纪录，大家提的问题都很多。这主要是因为中国的影响力变大了。"

但这并不是一件坏事。"虽然有些问题比较尖锐，但上次审查会上正面因素很多，很多人都对中国的成绩表示肯定。这同时也是让大家了解中国的一个机会，是中国展示文化、传统和软实力，树立自己大国形象的一次机会。"赵宏表示。

学会运用 WTO 解决争端

最近几年，中国频繁地遭到其他国家的反倾销、反补贴调查，特别是来自欧美等国家。加入 WTO 之后，中国的政策法律也因此作了许多修改和调整。因此，有人开始质疑，中国目前已经是世界第二大经济体，为了入世，作出了许多让步，有些得不偿失。

实际上，贸易摩擦增多是一件很自然的事情。因为中国的经济发展越来越迅速，自然会摩擦增多，被起诉的机会就会增加。从历史上看，这是很自然的现象。在 20 世纪 70 年代，日本经历高速发展，同样遭受了来自各方的起诉。而且，这也不是一件坏事，通过诉讼解决争端，可以缓解政治上的压力和紧张。

赵宏说，WTO 是维护多边贸易体制运行的非常重要的国际机构，也是制定和实施多边贸易规则的重要场所，同时也是现行全球经济治理机制中运行比较成功的国际组织。

加入 WTO 对中国的和平发展具有重要意义。它是实现全面小康社会目标所需要的和平外部环境的重要国际保障机制。改革开放以来，中国经济快速增长；中国在世界上市场份额的快速增长容易招致其他国家的不满。在这样的环境下，WTO 就能提供一个规则体系，在这个体系下，大家公平竞争。

从这个意义上说，世贸规则提供了中国经济和平发展的平台和保障机制，因为规则约束的不仅仅是中国，也包括其他成员国，对于处于成长期的中国来说，WTO 能提供一个合法、合理的增长空间和可预期的规则体系。从这个角度讲，赵宏表示，我们应该倍加珍惜，需要遵守和捍卫它的发展。

理念提升与建立人才队伍是关键

过去十年是中国发展最快的十年，也是人民生活水平提高最快的十年，赵宏说，这十年对中国的机遇是多么难得。因此，中国应当以更开放的姿态融入国际社会，发挥中国的建设性作用。市场的扩大、观念理念的提升、法治的建设，都需要获得更大的发展。实践证明，当年担心的农业、金融、汽车等领域并没有被击垮，相反获得了极大的发展。赵宏认为，当前中国不仅要在思想上融入 WTO，也需要做更多的准备，把握住这个难得的机遇。

中国作为一个新兴经济体，虽然国际社会认为中国还要承担更多的责任，但在很多人均指标上，仍然是发展中国家。因此，赵宏认为，中国需要把握一个稳定的外部环境。这是很重要的一个方面。在 WTO 方面，中国仍然需要更多懂世贸规则的国际型人才，能够在国际舞台交流沟通并能争取更多的理解。建设一支高素质的队伍，能在国际上发出中国的声音，这是当前中国融入国际社会并树立大国形象的当务之急。

在国际舞台提升话语权

赵宏认为，WTO 是中国参与全球经济治理，影响、制定和发展规则并发挥中国领导作用、建设性作用及桥梁作用的一个重要平台。尽管中国经济取得快速发展，但仍然要做国际规则的维护者。在这个平台上，运用机制、充分参与、发展和推动规则使之朝着更加公平有序的方向发展，以维护中国发展的和平外部环境。

当前，世贸组织主要通过多哈回合的谈判来发展规则，但多哈谈判遇到很大的困难。这是因为现在的形势已经跟以前大有不同，已经不再是美欧达成一致，发展中国家同意的时代了。

当前，双边和区域贸易协定风起云涌，对多边贸易体制可以说是一种考验。在历史上，多边机制就是在曲折中发展。20 世纪五六十年代的时候，多边贸易体制得到发展，但到 70 年代的时候，由于形成了许多区域和双边贸易，多边体系的发展停滞了。到了乌拉圭回合，世界各国又觉得需要建立一个更大的平台。此时，这个体制包含了更多领域，包括商品、服务等。现在，又到了多边体制发展比较困难的时候了。

现在多哈回合谈判久拖不决，赵宏说，各成员国都比较焦虑。谈判中牵涉的矛盾和纠缠的环节比较复杂。全球经济危机的阴霾尚未散去，参加决策的经济体力量正在发生变化。

不过，赵宏表示，目前有一个趋势，即争取在 2013 年印尼的巴厘岛会议之前，能够达成"light- 多哈"的早期收获，也就是先就一部分内容达成协议，然后再推动其他议题谈判的发展，最终全部完成谈判。

这是当前的权宜之计。

赵宏认为，尽管困难，但同时也是一个时机，是中国养精蓄锐、蓄势待发的时候。中国应当积极参与，发挥建设性的作用，为将来承担更大国际责任做准备。

（本文为作者 2012 年 11 月 19 日拜访瑞士日内瓦的中国常驻世界贸易组织代表团时采访时任公使衔参赞赵宏博士的部分内容，发表于《法制日报》2013 年 1 月 8 日。合作者张慎思）

3.

刘大群：传播国际人道主义法的使命感

| 人物简介 |

　　刘大群　男，1950 年生，先后毕业于北京外国语学院和外交学院，美国塔夫茨大学国际法和国际关系硕士，曾任外交部条法司副司长、中国驻牙买加大使。2000 年 3 月接任联合国前南斯拉夫国际刑事法庭（以下简称"前南刑庭"）法官；2001 年经联合国大会选举，获得连任，担任前南刑庭第一审判庭庭长；2005 年 11 月经联合国大会选举，再获连任，出任前南刑庭上诉庭法官；2015 年 11 月 17 日起，担任联合国前南刑庭副庭长。

　　在 2014 年 3 月 5 日复旦大学举办的"战后亚洲战争罪犯审判与史料整理"国际研讨会上，我有幸采访了刘大群法官。

在前南刑庭十五年

　　联合国前南斯拉夫国际刑事法庭网站显示，在 2015 年 10 月 21 日召开的特别全体会议上，来自中国的刘大群法官被选为联合国前南斯拉夫国际刑事法庭（以下简称"前南刑庭"）副庭长，任期两年，自2015年11月17日起任职。

之前，刘大群法官担任前南刑庭和卢旺达国际刑事法庭的上诉庭法官以及国际刑事法庭余留机制（MICT）法官。2000年，刘大群被联合国秘书长提名为前南刑庭法官，随后分别于2001年和2004年，再次当选为前南刑庭法官。2001年至2005年期间，刘大群法官担任审判分庭一庭的首席法官，主审过多起重大案件，同时，刘大群法官也是国际仲裁法院和国际法学会的成员。

在当选前南刑庭法官之前，刘大群在中国外交部担任要职，曾任中国驻牙买加大使，而且是中国在国际海底管理局的常驻代表。刘大群法官也曾作为中国代表团副团长和首席谈判代表参加在国际刑事法庭成立时的《罗马规约》的谈判。

在海牙担任法官这么多年，刘大群说，他对法治精神的理解就是一个词"推理"（Reasoning），就是讲道理。比方法院作出一个判决时，

2014年3月与刘大群法官合影

必须说出为什么作出这样的判决，让人心服口服。他举例说，他所做的一个关于科索沃的判决书就长达 810 页，目的就在于充分阐述理由。如果所有的部门都能掌握这样的一个原则，就能体现"正义"（Justice）。

安倍否认言论是愚蠢行为

常年担任国际法庭的法官，刘大群格外关注国际上的法律大事。2014 年 2 月 27 日，中国第十二届全国人民代表大会常务委员会第七次会议通过一项决定，设立南京大屠杀死难者国家公祭日。这个史无前例的法律决定引起了国内外的广泛关注。对此，刘大群法官认为这是一个具有重大法律意义的行为。

纽伦堡审判、东京审判等一系列对二战战争罪犯的国际审判，是战后国际秩序构建的重要依据，也是当代国际刑法的主要渊源，更是世界历史中不容否定的重要组成部分。但是，由于受美苏冷战和国际局势动荡等多种因素影响，对战后亚洲战争罪犯审判的历史性总结工作被长期边缘化，国际社会对这段历史把握的广度和深度不足，在一定程度上动摇了战后国际秩序的基础。

同时，战后的日本在反省战争罪行上始终态度暧昧，反复试图美化、扭曲甚至否定侵略历史。2013 年 3 月 12 日日本首相安倍晋三在日本国会众议院预算委员会上，对第二次世界大战结束后远东国际军事法庭对日本战犯审判（东京审判）的正确性提出质疑。他称，"对于这一场大战的总结，并不是日本人自己作出的，应该说是战胜国一方作出的裁决"。言论一出立即引起国际舆论的猛烈批评。紧接着，2013 年年底，安倍参拜了靖国神社，众所周知，靖国神社里供奉着一些甲级战犯。

近期，日本右翼势力再次掀起否定二战历史、破坏战后国际秩序的风潮。安倍有意通过修改宪法解释来允许行使集体自卫权、日本囤积武器级核材料的风波还未过去，3 月初，日本政府又拟放宽"武器出口三原则"。这一切言论和行为是对第二次世界大战后国际秩序的公然挑衅，引起了世界各国爱好和平的人们的担忧。

对于日本首相安倍近来否定东京审判和破坏战后国际秩序的言行，刘大群表示非常震惊，认为安倍否定南京审判、否定东京审判是一个非常愚蠢的行为，其完全被国内的右翼势力所左右，因为东京等审判是"板上钉钉"的事情。

南京审判具有重要意义

第二次世界大战结束后，德国纳粹的首要战犯和日本甲级战犯分别受到纽伦堡国际军事法庭和远东国际军事法庭的审判。除了对这些罪大恶极的罪犯进行国际审判外，同盟国还同时纷纷在国内设立军事法庭，审判那些没有受到国际军事法庭审判的较次级的或乙级、丙级战犯。中国国民政府从 1945 年至 1949 年曾分别在南京、上海、北平、汉口、广州、沈阳、徐州、济南、太原和台北等 10 个城市设立了审判战犯的军事法庭。1946 年 2 月 15 日，南京国防部审判战犯军事法庭成立，主要审理制造南京大屠杀惨案的日本战犯和其他日本战犯。

刘大群表示，南京审判在中国历史上具有重要的意义，它不仅仅具有政治上的历史意义，更重要的是，这是中华民族五千年历史上第一次中国打胜仗后，给战犯一个机会，举出各种证据，包括证人和资料，让罪犯有一个申辩的机会。从法律的角度来讲，这个进步就像工业革命一样，是历史的一个转折点。它是中国第一次作为一个战胜国公开进行的刑事审判，而不是对战犯的就地执行。南京审判是二战后抵抗法西斯主义的重要以及不可分离的组成部分。南京审判以公开的方式进行，满足了对正义的需求，并且进一步为世界和地区的和平与稳定作出了贡献。审判极大地提升了中国人民的道德良知和法律意识，并且奠定了法治的里程碑。

刘大群强调，从总体上来说，审判遵循了法无明文规定不为罪和正当程序原则。犯罪嫌疑人的合法权利都得到了保证。南京审判不但创造和保存了历史记录，包括起诉书、判决书、证人和受害人证言以及庭审记录，而且还记录了日本帝国主义侵略中国的大量历史。这些内容都经过了法庭的质证程序，让人无法否认这些犯罪的发生，并且不时地提醒中华民族勿忘这段过去的历史。

每次回国感受都特别深刻

刘大群担任前南刑庭的法官已有十多年了，而这段时间正是中国高速发展的十多年。刘大群法官说他的感受特别深刻，每年回国都感受到祖国的变化。他感慨到，世界上或许没有一个国家能像中国变化这么大，也没有一个国家能在如此短的时间，将人民的生活水平提高这么快，更没有一个国家能在这么短的时间内从一个贫穷落后的国家成为世界上第二大经济体，这都是有目共睹的。随着中国的强大，中国在世界的话语权也越来越多。

但是，身为一名中国人，刘大群法官也对中国的高速发展所带来的变化表现出一丝忧虑。他说，他在海牙已将近 15 年，在这 15 年里，海牙几乎没有什么变化，甚至可以说跟 200 年前可能差别都不大。其理念是保持原有的文化传统，追求的是一种稳定的，而不是突飞猛进的发展。现代化的理念主要体现在重视实际，提高人民的生活水平。这些都是值得我们思考的。

传播国际人道主义法理念

由于种种复杂因素影响，战后亚洲地区对战犯的审判很不彻底，导致许多战争罪犯逃脱了历史的审判，留下了许多遗憾。

所幸的是，我国正在积极推进战后对日战犯审判文献史料的收集和整理。据了解，国家图书馆依托"民国时期文献保护计划"，制定了对日战犯审判文献史料收集、整理、出版计划。经过近两年的切实策划与开展，民国时期文献保护工作在文献普查、海外文献征集和整理出版等方面取得积极进展。特别是在"战后对日战犯审判"文献资料的收集和整理方面，已逐步形成"战后对日战犯审判文献"专藏，文献类型包括档案、缩微、图书、报刊、图片、音视频资料等多种类型。

"国际刑法在我国乃至国际上都是一个全新的领域，目前我国还没有一个专门研究国际刑法的研究所，希望该中心能成为扩大国际社会交往的平台，希望在中国传播国际人道主义法的理念。"刘大群说的时候带有一种使命感。他目前还担任复旦大学国际刑法研究中心的名誉主任，也希望借助这个平台促进国际人道主义法的传播。

关注法学人才培养

除了工作经历外，刘大群法官还有着卓越的学术经历。他长期在国内和国际上教授国际刑法。1994 年，他被任命为中国政法大学国际法专业的教授；2013 年，他又被任命为该校合作创新与法治文明中心的教授。

　　记者了解到，刘大群法官对当前中国法学人才的培养尤为关心，近几年在一些高等院校与法学院的学生进行交流，并阐述了如何做合格的国际法律人。在这些高校的演讲中，刘大群法官提出了"三个五"，即五种思维方式（逻辑思维、辩证思维、批判性思维、换位思考、逆向思维）、五种基本技能（语言能力、认知能力、研究能力、表达能力、社会实践能力）及做五件事来提升思维与技能（精读一本书、研究一个案例、钻研一个法律原则、写一篇文章、参加一次社会实践）。

　　当记者问及对这"三个五"的理解时，刘大群法官意味深长地说，对法律人的培养需要"独立的思考"。此时，记者猛然顿悟：在法学教育上，中国与西方相比也许缺乏的正是培养学生这种独立思考的能力以及对一切法学问题的质疑。

　　　　　　　　　　　　　　（本文发表于《法制日报》2014年3月11日）

4.

段洁龙：中国条约谈判能力
技巧不逊西方国家

| 人物简介 |

段洁龙　男，1958 年生，毕业于西南政法大学外交学院，先后获法学学士和法学硕士学位。现为中华人民共和国驻匈牙利特命全权大使。1985 年至今在外交部工作，长期参与条约谈判，先后任科员、随员、三秘、副处长和处长、常驻联合国代表团一秘、外交部条约法律司副司长和司长、中国驻悉尼大使衔总领事、中华人民共和国驻新加坡共和国特命全权大使，2010 年被采访时，任外交部条约法律司司长。

中国在条约谈判上正在争取越来越多的话语权。虽然一些国家仍然对中国存在政治偏见，加之法律制度的差异，但中国正以她独有的姿态向世界展示自己的魅力。

2010 年 1 月 12 日，从事条约谈判工作 25 年的时任外交部条约法律司司长段洁龙接受了我们的专访，向我们讲述中国在打击跨国犯罪和国际司法合作中正在发挥着越来越重要的作用。

25 年条约谈判工作见证中国的变化

"我们的条约谈判能力和技巧不比西方国家逊色，在对条约的严肃精神、合作和执行上也都是做得很不错的。"

记者：您在外交部工作多少年了？

段洁龙：我从 1985 年进入外交部，主要在条约法律司工作，至今算起来也有 25 个年头了。应该讲经历了许多条约的谈判，比如司法协助、引渡、人权、文物保护、反腐败和打击跨国犯罪、禁毒等条约的谈判，对这方面的工作感受颇深，中国的发展变化还是很大的。

记者：能否谈谈您的感受？

段洁龙：经过这么多年，我们国家在条约谈判上有很大的进步。一方面是经过这么多年的历练，经验比较丰富；另一方面，谈判的内容和对象在不断扩大，也遇到了不少情况。应该讲，我们的条约谈判能力和技巧不比西方国家逊色，在对条约的严肃精神、合作和执行上也都是做得很不错的。

记者：您认为在谈判的过程当中碰到的最大困难是什么？能否举几个例子？

段洁龙：目前的最大问题是在一些国家这一项工作受到政治等因素的干扰。也有一些国家由于对中国法律制度不了解，甚至存在偏见，给这项工作的沟通造成障碍。实际上，只要有关国家有务实推进合作的政治愿望，在相互尊重和平等互利的基础上进行协商，法律制度和差异不应构成实质性障碍。我们愿与所有国家加强交流，增信释疑，共同推动双边司法合作向前发展。

记者：您认为中国的发展强大对中国在与其他国家进行引渡条约谈

判时有什么样的影响？

段洁龙：随着中国与有关国家经贸、人员往来的快速增长，在司法领域开展合作需求相应增加。中国切实贯彻依法治国的基本方略，法治的思想已深入到我们的具体工作，为我国与外国谈判引渡条约提供了更为坚实的法律保障。我相信，随着时间的推移，越来越多的国家会重视与我国加强司法合作。

已与 68 个国家签订司法合作条约 106 项

"我国在刑事司法合作领域由原来的民刑合一向着民刑分立的专门化、规范化方向转变。一项条约谈判的成功都是各个部门合作的结果。特别是民事、刑事司法协助条约主要由司法部和两高共同参与和执行。"

记者：新中国成立以来，中国已经和多少个国家签订了引渡条约？即将签订的或正在谈判的还有哪几个国家？

段洁龙：首先我想说，条约的谈判和签订是许多部门合作的结果。外交部可能先牵个头，而接下来的工作就需要司法部、最高人民法院、最高人民检察院、公安部等共同去做。特别是民事、刑事司法协助条约主要由司法部和两高来执行。一项条约谈判的成功都是各个部门合作的结果。

至今，我国已经和 32 个国家签订了引渡条约。目前我们正在积极推动与其他一些国家谈判缔结此类条约。

这些国家主要包括那些与我们在能源交往、经济往来或各方面联系比较密切的国家。比如我们正在与意大利谈判有关刑事协助、引渡方面的条约。其他主要是周边的国家，特别是最近正在搞东南亚自贸区，这个区域的法律联系将更加紧密，目前这是我们工作上的一个重点。我们和泰国、韩国已经有一些司法协助或引渡方面的条约，但和其他国家如越南、马来西亚还没有完全建立。新加坡由于法律制度差异比较大，所以在推动上需要更多的时间。南非、拉美那边也有一些条约工作还在进行中，比如我们跟巴西就有不少这方面的法律合作。

记者：除了引渡条约外，还有其他各类的司法协助条约，能否介绍一下总体情况？

段洁龙：截至目前，我国已与 68 个国家签订了司法合作条约 106 项，除 32 项引渡条约外，还包括 16 项民商事司法协助条约，19 项民（商）刑事司法协助条约，27 项刑事司法协助条约，6 项移管被判刑人条约，6 项打击恐怖主义、分裂主义、极端主义势力协定。此外，我国还加入了 20 多项含有司法协助和引渡条款的国际公约。

记者：在签订条约的过程中，您认为有哪几个重要的时期或者突破？

段洁龙：我国实行改革开放以来，缔结司法合作条约的工作取得了很大发展。20 世纪 80 年代中期以来，我们一直在大力推动此项工作，且是持续不断地取得进展，其中有一些事例带有一定的标志性意义。《中国和法国民商事司法协助协定》于 1987 年签订。这是我国缔结的第一项双边司法协助条约，从此至 20 世纪 90 年代初可以称作我国司法合作类条约缔结工作的起步阶段。此阶段的缔约工作以民商事司法协助条约或民（商）刑事司法协助条约的缔约为主，共缔结条约 15 项。

1993 年，我国与泰国签署了引渡条约。这是我国与外国缔结的第一项双边引渡条约。1994 年《中国和加拿大刑事司法协助的协定》是我国对外缔结的第一项刑事司法协助条约，标志着我国在刑事司法合作领域由原来的民刑合一向着民刑分立的专门化、规范化方向转变。1993 年至 1999 年，共缔结司法合作条约 28 项。

2000 年以来，我国司法协助工作进入了一个全面发展的新阶段，以中美签订《刑事司法协助协定》为起点，我国对外缔约数量呈现跨越式增长，领域不断扩大，共缔结双边司法合作条约63项，其中包含6项打击恐怖主义、分裂主义和极端主义势力双边协定。此阶段，引渡缔约工作也取得重大突破。2005年我国与西班牙签署了中西引渡条约，这是我国与西方发达国家签署的第一项引渡条约。此后，法国、葡萄牙、澳大利亚等国也先后与我国签订了双边引渡条约。

外逃犯或被引渡或通过合作遣返

"通过引渡条约引渡犯罪嫌疑人，只是我国境外追逃的一种方式。在没有引渡条约的情况下可根据互惠原则在某些案件上进行良好合作，将犯罪嫌疑人引渡回国。"

记者：中国通过引渡条约引渡回来的犯罪嫌疑人大概有多少？

段洁龙：通过引渡条约引渡犯罪嫌疑人，只是我国境外追逃的一种方式。近年来，已有一些成功案例。给我印象最深的案件是，2008年11月，我国根据中泰引渡条约将经济犯罪嫌疑人陈满雄、陈秋园夫妇从泰国引渡回国。此外，我国与日本、意大利、阿尔巴尼亚等国在没有引渡条约的情况下根据互惠原则在某些案件上进行了良好合作，成功将数名犯罪嫌疑人引渡回国。

记者：许多外逃人员选择去那些与中国没有签订引渡条约的国家。如果犯罪嫌疑人的逃往国与中国没有签订相关的引渡条约，还可以采取什么途径将其捉拿归案？

段洁龙：对那些与我国没有引渡条约的国家，如果这些国家法律和司法实践允许根据互惠原则对外开展引渡合作，我国可以基于互惠原则请求该国引渡犯罪嫌疑人。我国已有利用此种方式成功引渡的案例，比如，2009 年 10 月，我国成功从阿尔巴尼亚引渡一名犯罪嫌疑人。2008 年 4 月，我国从日本引渡回了另一名犯罪嫌疑人。

还有一种方式就是遣返。一般以驱逐出境的方式遣返，是各国引渡逃犯的一种替代方式。嫌疑犯逃往国可以嫌疑犯非法入境、非法滞留、违法犯罪等理由将其遣返至我国。中国银行开平案主犯之一余振东就是从美国被遣返回国内受审的。

记者：由于许多外逃人员选择去西方发达国家，您认为原因是什么？在与西方国家谈判的过程中，最大的困难或焦点是什么？在诸如人权问题、死刑犯不引渡的问题上中国又是如何处理的？

段洁龙：嫌疑犯选择去西方发达国家，一方面是贪图物质享受，另一方面更是想利用这些国家与我国差异较大的法律制度和司法程序在这些国家寻求庇护。与西方国家谈判中的最大困难和焦点，基本上是我前面说过的意识形态干扰。

关于死刑问题，考虑到死刑条款已经成为欧盟等国签订引渡条约的必备条款，西方国家又是我国外逃人员的主要目的地，而且我国引渡法已规定，被请求国就引渡附加条件的，对于量刑承诺，由最高人民法院决定。为切实打击犯罪，在尊重双方法律基本原则的前提下开展引渡合作，《中国和西班牙引渡条约》首次规定，根据请求方法律，被请求引渡人可能因引渡请求所针对的犯罪被判处死刑的，不予引渡，除非请求方作出被请求方认为足够的保证不判处死刑，或者在判处死刑的情况下不执行死刑。

追回外逃资金将有新尝试

"有些国家会提出一些要求，如果符合我们国家的法律规定，我们可以作出让步，但如果是过分的要求，不符合我们国家的法律规定，我们是坚决不会同意的。"

记者：目前外逃人员中有一个普遍现象，就是这些外逃人员都携巨额资金出逃，在这一方面政府有没有一些相应的措施？

段洁龙：关于追缴贪官外逃资金的问题，中央非常重视，国家几个部门也在积极合作，做新的尝试和努力，希望今年（2010 年）能有些成果出来，届时一定会向大家汇报。作为外交部的条约法律司，我们主要在法律框架、法律协定上牵头，做些基础性的法律工作。不管对方是大陆法系国家，还是英美法系国家，我们需要考虑对方的法律要求和需要，进行协商，尽可能地寻找共同点。

在资金返还上，特别是西欧国家，在证据、程序、费用上可能会有些特殊的要求，这些都需要双方进行协商。有些国家会提出一些要求，如果符合我们国家的法律规定，我们可以作出让步，但如果是过分的要求，不符合我们国家的法律规定，我们是坚决不会同意的。

目前，可喜的是工作正在稳步进行，积极推进，进展比较顺利，希望今年（2010 年）能有些具体的政策和措施出来。

记者：对未来的谈判和签约工作，请问您有何感想或展望？比如有哪些好的形势有利于我们跟他国的合作？

段洁龙：我对未来引渡条约的谈判和签约工作还是比较乐观的。我国国家实力和国际地位的迅速提高、依法治国方略和法治思想的不断深入人心、法律制度的完善等，为我们与外国缔结引渡条约，开展引渡合作提供了良好的基础条件。此外，随着全球经济一体化的进程加速，国际社会日益重视通过司法合作手段来打击跨国犯罪，各国间司法合作的需求和愿望不断高涨，这是我们对外开展引渡合作的良好外部条件。

对于未来谈判的一些设想，我想，近期应重点推动与一些双方有较多需求的国家谈判缔结引渡条约和刑事司法协助条约。同时，借鉴国际最新趋势和成功经验，不断开拓新的合作领域，丰富合作手段，提升合作层次，使我国对外司法合作工作再上一个新台阶，为国内经济建设保驾护航，为我国对外开放和推动和谐世界建设出一份力。

（本文发表于《法制日报》2010 年 1 月 22 日）

5.

何勤华：东京审判历史意义不容置疑

| 人物简介 |

何勤华　男，1955 年生，教授，博士生导师。1982 年获北京大学法学学士学位，1984 年获华东政法学院法学硕士学位，1998 年获北京大学法学博士学位。华东政法大学前校长、中国法学会常务理事、全国外国法制史研究会会长、中华司法研究会副会长。曾获得中国十大杰出中青年法学家、全国优秀留学回国人员、国家级教学名师等荣誉称号。主要研究领域为法律史学、外国法制史，发表著作 100 多部，发表论文 180 余篇。

2015 年是中国人民抗日战争暨世界反法西斯战争胜利 70 周年。在这次的上海书展上，有两本书格外引人注目，即《东京审判》与《纽伦堡审判》，这两本书从法律的视角详细记录了这两大历史审判的过程和历史意义。8 月 25 日，"东京审判：铭记历史　珍爱和平"座谈会在上海举行。两书的作者之一、华东政法大学前校长、中华司法研究会副会长何勤华教授接受了我们的采访。

历史贡献

第二次世界大战结束后，从 1946 年 5 月 3 日至 1948 年 11 月 12 日，在日本东京进行了历时两年零七个月的"世纪大审判"。来自同盟国 11 国的法官组成了远东国际军事法庭，对日本甲级战犯进行了清算战争罪行的审判。

在这次审判中，共有 28 名被告（其中三人因各种原因没有被实际审判），419 名证人出庭作证，法庭处理的书面证据达 4336 件，判决书长达几十万字，是人类历史上规模最大的一次国际审判活动，也是第二次世界大战结束后世界上发生的重大政治事件之一。

尽管已过去 70 年，何勤华认为，东京审判的历史意义不容置疑。

第一，东京审判基本铲除了日本法西斯军国主义势力，是正义战胜邪恶的伟大历史事件。东京审判是一场世界人民对日本法西斯的政治审判，揭露了日本对外侵略战争的罪行，追究了战犯个人的战争责任，伸张了正义，惩治了邪恶。

第二，东京审判促进国际社会和平解决争端，是包括中国在内的全体亚太地区人民对日本侵略者所犯滔天罪行的清算，也是对 3000 多万亡灵的告慰，维护了世界和平。

第三，东京审判发展、丰富了国际法的基本原则，继承了纽伦堡审判的成果。1945 年《伦敦协定》及其附件《欧洲国际军事法庭宪章》、1946 年远东盟军最高统帅部特别通告及其《远东国际军事法庭宪章》以及纽伦堡和东京国际军事法庭的判决书，是关于战争法的重要文件，这些文件中包含的各项原则对现代国际法，尤其是战争法的发展有重要贡献。这些原则最终于 1950 年由联合国国际法委员会根据联合国大会的决议编撰了下来，主要包括：（1）从事构成违反国际法的犯罪行为的人应承担个人责任，并受惩罚；（2）不违反所在国的国内法不能作为免除国际法责任的理由；（3）被告的官职地位，不能作为免除国际法责任的理由；（4）政府或上级命令不能作为免除国际法责任的理由；（5）被控有违反国际法罪行的人，有权得到公平审判；（6）违反国际法的罪行包括危害和平罪、战争罪和违反人道罪；（7）参与上述罪行的共谋是违反国际法的罪行。之后于 1967 年和 1968 年，联合国大会还确立了"战争罪犯无权要求庇护"和"战争罪犯不适用法庭时效"两项原则。

第四，东京审判揭露了大量日本政府和军部策划侵略战争，并在侵略战争中犯下的种种罪行，极大地震撼了日本人民，教育了战争发起国乃至全世界人民，使长期以来受到日本舆论欺骗的日本人民认清真相。

何勤华说，第二次世界大战是人类历史上残酷程度绝无仅有的战争，特别是日本作为战争发起国，对亚洲人民实施了罄竹难书的罪行。东京审判在反思战争责任、用国际法手段解决国际争端、惩罚战争犯罪上功不可没。

还有遗憾

然而，何勤华说，东京审判还存在着诸多遗憾。第一，许多重要的战犯未列入起诉名单，比如 731 部队的罪魁祸首石井四郎逃脱了审判，同样情况还有"九一八"事件的策划人石原莞尔。特别值得一提的是，当时的裕仁天皇并未被列为被告。当时盟军最高统帅麦克阿瑟认为审判天皇会造成日本国内的动乱。1945 年 9 月 27 日，裕仁天皇秘密会见麦克阿瑟，但谈话内容至今没有公开，事后麦克阿瑟只用一句话概括这次会面：天皇从此走下神坛。日本学术界，如井上清教授等学者也认为天皇有战争责任。

第二，美国独揽检察权。东京审判与纽伦堡审判都是由美国主导，适用英美法程序，其最大的特点是奉行当事人主义原则。

第三，没有对犯罪组织进行审判，为犯罪组织的复活埋下了祸根。纽伦堡审判把财团作为战犯，把经济界的纳粹势力作为战犯都进行了起诉。但是，日本的三井、三菱、住友等在战争中发挥重大作用的财团，都没有被起诉。纽伦堡把盖世太保组织、政治领袖集团都作为犯罪组织进行审判，但日本的军部、樱会等都没有被起诉。这为日本军国主义的复活和右翼势力的抬头埋下了伏笔。

现实反思

何勤华说，东京审判至今仍有现实意义。日本《朝日新闻》2015年4月就日本社会对东京审判的了解情况进行调查，其中非常了解的人数仅占3%，有些了解的占30%，认为审判公正的占16%，不公正的占32%。而相比之下，德国人认为对纽伦堡审判非常了解的占21%，大部分德国人认为审判公平，认为其不公平的仅有8%。这在某种程度上说明德国与日本对战争反思程度不同。

之所以如此，在何勤华看来，主要有以下几种原因。第一，德国的首要战犯希特勒在战争结束之前就自杀了。第二，德国盖世太保、冲锋队、内阁、总参谋部等都被确定为法西斯组织，而日本并没有这种情况。第三，德国由于英、美、法、苏四国的分区占领进而导致了两德分裂，东德成为社会主义国家，法西斯主义难以复苏，而日本仅被美国一国占领。第四，德国后来的审判和二战后的发展，是受到美英法苏等欧美国家的监督，这种监督非常有利。日本仅由美国占领，美国因国家利益对日态度发生转向，对日监督不力。第五，德国一直在追诉逃脱审判的战犯，而这在日本从未发生过。即使经过法庭判决有罪的战犯，对其刑罚的执行都没有坚持到底。1956 年甲级战犯被释，1958 年乙级战犯被释，某些人还重新出任重要的领导职务。第六，日本有靖国神社祭祀战犯，有两百多万战士的家属，这些遗属希望自身权益受到保障而到处活动，对日本政坛影响很大，而德国不存在这种现象。

（本文发表于《法制日报》2015 年 9 月 1 日）

6.

朱文奇：纽伦堡审判和东京审判
具有重大历史意义

| 人物简介 |

　　朱文奇　男,1953年生,中国人民大学教授、博士生导师。从厦门大学硕士毕业后,先后留学法国和美国,并获得法国巴黎大学博士学位。曾任职中国外交部和联合国,在前南国际刑事法庭历任法官助理、检察长办公室法律顾问和上诉检察官。他曾是国际刑事法庭唯一的中国籍检察官,也是新中国成立后第一个在国际司法机构出庭并进行法庭辩论的中国法律专家。其出版的著述《现代国际刑法》对纽伦堡审判、东京审判及国际刑法都有深入研究。

　　2015年是中国人民抗日战争暨世界反法西斯战争胜利70周年。第二次世界大战结束后有两次审判具有划时代的意义,即纽伦堡审判和东京审判。在第二次世界大战期间及结束之时,美、英、苏、中等深受侵略战争伤害的国家领导人及法律界人士,就开始思考如何惩治战争罪犯的问题。而纽伦堡国际军事法庭及远东国际军事法庭的建立和对战犯的审判是人类历史上第一次大规模地对国际战争罪犯进行审判,对国际法发展和维护世界和平具有重大历史意义。

中国人民大学国际刑法研究所主任朱文奇教授 2015 年 8 月就纽伦堡审判及东京审判的有关问题接受记者专访。朱文奇认为，纽伦堡审判及东京审判奠定了现代国际刑法发展的基础，具有重要意义。中国对东京审判及后来国际刑事法庭的司法实践，都作出了比较大的贡献。

奠定现代国际刑法基础

记者：纽伦堡审判及东京审判奠定了现代国际刑法的基础。您认为，这两个审判对当代国际刑法的发展具有哪些历史意义？主要体现在哪些方面？

朱文奇：第二次世界大战后成立的纽伦堡法庭和东京法庭，是最早成立的国际刑事司法机构。惩治侵略、取缔战争，是它们的重要使命；用法律来清算国际罪行，这在人类史上是第一次，所以说这两个国际法庭奠定了整个现代国际刑法发展的基础。

纽伦堡审判和东京审判的重要意义，体现在许多方面，其中最重要的就是将侵略定义为国际罪行。在早期人类历史上，发动战争权是国家主权的表现之一，那时虽然也要求战争讲"正当""正义"，但并没有法律进行限制，更没有"惩治"这一说。所以在二战前很长一段时间里，一个国家对其他国家开战可以有一个好的理由，也可以有不好的理由，甚至没有理由。但纽伦堡审判和东京审判将侵略宣布为国际罪行，将惩治侵略变为一条国际法准则，这为维护世界和平作出了非常重要的贡献。

此外，这两个法庭通过对德国纳粹前元帅戈林、日本前首相东条英机、前外相重光葵及日本大将松井石根等的起诉、审判和定罪，在国际法上确立了"追究个人刑事责任""官方身份不免责"和"指挥官责任"（即身居领导地位的人，在知情情况下如果不作为，就要对其下属的犯罪行为承担刑事责任）等重要原则。冷战后成立的所有国际刑事法庭，如联合国前南国际法庭、卢旺达国际刑事法庭及国际刑事法院等，都在其各自的"规约"中采纳和继承了这些原则。

所以简单地讲，纽伦堡审判和东京审判从司法实践方面肯定了惩罚侵略战争罪犯的原则。这在国际法和国际关系的历史上是第一次，也是人类发展史上的一个创举。

世纪审判仍有缺憾

记者：您的书《现代国际刑法》提到，国际审判的目的是为了记录犯罪行为，并通过审判来警示世界、警示未来。那么，对于现在日本右翼势力日益强大，比如安倍谈话对过去历史的描述避重就轻，比如关于慰安妇问题，谈话没有使用提及，仅是泛泛表示"不能忘记在战场背后存在名誉与尊严受到严重伤害的女性"等。您是否认为当时东京审判是否不够彻底？对右翼势力的清算是否不够彻底？

朱文奇：这儿有两个问题，一是日本右翼势力；二是东京审判是否彻底的问题。

首先关于右翼势力，其实在日本，第二次世界大战以来一直是左、中、右这三股势力并存，有时是左翼势力强一些，如20世纪70年代；有时是右翼势力强一些，如现在。但只要是右翼势力，对东京审判的正义性就一直在进行挑战，这股势力也包括日本现任首相安倍晋三，因为安倍曾公开声明说，战争虽然"对亚洲多国人民造成巨大的损失和痛苦"，但"国际上对'侵略'没有定论"。言下之意就是：如果"侵略"

本身不清楚，又何来日本侵略他国这一说？

日本在二战时期侵略中国及其他国家，已是人人皆知的历史事实。但"侵略"在法理上定义如何？似乎有点晦涩难懂。然而，如果看一下东京审判的判决，就会比较清楚，因为东京法庭对侵略方面的事实和法律问题，是通过一步一步的求证方式来阐释的，而且非常清楚、明白。

其次是关于东京审判是否彻底问题。所谓"彻底"，一般是说前前后后、上下左右都应涉及。然而任何一个国际案例的审判，由于资源、政治及证据等方面的因素，无论如何来组织或实施，它在审理和惩治程度上都不可能穷尽的。东京审判有 11 个国家的法官和检察官参加，有 28 名被告，审判时间长达两年零七个月，开庭共 818 次，证人达 419 名，受理证据约 4300 多件，是整个 20 世纪中规模最大的国际审判，有"世纪大审判"之称，但即便如此，里面还是有没有做到的地方。

谈到东京审判的缺憾，一般是指该审判没有追究被告们关于"731部队""慰安妇"及日本天皇的刑事责任。这是事实。但东京审判没有追究，并不意味着这方面罪行就没有。苏联军事法庭于 1949 年 12 月 25 日至 30 日，在伯力（哈巴罗夫斯基）对日本军队中涉及细菌武器试验的 12 名被告进行了审判，从而确定了日本"731 部队"在人体试验方面骇人听闻的罪行。

在"慰安妇"问题上，由日本、菲律宾和韩国等组成的国际组织委员（International Organizing Committee）曾成立了一个战争罪法庭，并于 2000 年 12 月在日本东京开庭审理。该案所涉被告有 10 人，即：天皇裕仁、松井石根、火田俊六、寺内寿一、板桓征田郎、东条英机、梅津美治郎、小林跻造、安藤利吉以及山下奉文。尽管这其中有些人已不在人世，但战争罪法庭认为，"慰安妇"所带来的法律上或关于正义能够实现等重要问题却始终存在，都还没解决，所以需要审判，以还历史以公正。作为原告方面的中华人民共和国、东帝汶、印度尼西亚、菲律宾、中国台湾、南朝鲜和北朝鲜（合为一个队）和马来西亚共向战争罪法庭提交了 7 份国家起诉书和 1 份共同起诉书。参加诉讼的幸存者则有 75 人左右，七个起诉团和两个首席共同原告提供了包括 35 名幸存者的证词在内的大量令人信服的证据。

此外，国际法庭还有一个起诉政策问题。在东京法庭是否应起诉日本天皇方面，尽管澳大利亚在审前提出并坚持要予以起诉，但法庭在权衡各种情况后仍未将日本天皇纳入被告名单之中。这当然可被视为缺憾之处。但尽管如此，东京法庭作为国际刑法实践的摇篮，仍然有其重要的历史和现实意义。

东京审判是人类历史进步

记者：目前在日本，仍然有人认为东京审判是战胜者对战败者的审判。您如何看待？

朱文奇：东京审判确实是战胜者对战败者的审判，但这其实恰恰是历史的进步。东京法庭共有 11 位法官，分别来自美国、中国、苏联、澳大利亚、法国、英国、荷兰、新西兰、加拿大、菲律宾、印度这 11 个战胜国，同样数量的检察官也来自这 11 个国家；而受审的 28 名被告，则清一色全是日本军国主义分子，所以它确实是战胜国对战败国的审判。但这问题并不重要，关键是这样的审判是不是一定会影响公正？这才是最要紧的。

战胜国对战败国的罪犯进行审判，其实恰恰是历史的进步。人类自古以来就有战争。而每次战争后，战胜国从来都是以复仇心态，一下子就从肉体上干脆利落地消灭落入手中的敌人。二战结束时，同盟国虽然对德国纳粹和日本军国主义分子们具有绝对控制权，但却一反昔日做法，成立了纽伦堡国际军事法庭和东京国际军事法庭，选择用国际法来追究个人刑事责任。这是人类文明、理性与进步的表现。

审判就得公正，审判就得让被告们说话，而且有罪无罪应由法律和证据来定。事实上，为了审判的公正和客观，东条英机等所有被告在庭审中不但可以说话、为自己作证、辩护，甚至还可以挑战证人和证词以及法庭的权威（合法性），并且其权利与检控方完全相等。此外，根据"无罪推定"原则，如果检控方不能以"排除任何怀疑"的标准证明你有罪，就得宣布你无罪，如纽伦堡国际军事法庭中作为被告受审的德军参谋总部，就被宣布"无罪"；如果你神经不正常，庭审也不会再继续，如东京审判中的被告大川周明，所以国际社会对德国纳粹和日本军国主义分子暴行的这种回应（审判），是何等的气度、理性、文明和宽容！

国际审判的程序是透明的。庭审遵循"正当程序"原则，讲究公正，即检控方与辩护方被给予的时间和条件相等，庭审过程中的每句话都被逐字记录，并通过视频向世界播放，东京审判的庭审记录就有48000多页（共80卷，中国国家图书馆就有）；国际审判的影响是直接而深远的。国际法庭的每个判决和决定一出来，就会被收入世界所有名校图书馆；法官在庭审中的每句话、每个观点都会受到大学教授及专业人士批判式审视。所以法官的裁判是在全世界审视之下进行的。因此要质疑东京审判，光说"战胜国对战败国的审判"毫无意义，关键是要看法庭的程序规则和法律以及对法律的解释是否公正等。

中国发挥了重要作用

记者：在第二次世界大战中，中国是受侵略最重的国家。中国在东京审判中扮演了重要角色，在之后的国际刑法的实践中也发挥了自身的作用。您如何看待中国在维护战后以联合国为核心的和平国际秩序的作用?

朱文奇:确实,在所有日本侵略的国家中,中国受害最深。所以在东京法庭起诉书中,很多篇幅都是在细数日本如何筹划与执行对中国的侵略行径,其中有一章还专门追究日本在中国南京进行屠杀的战争罪行。由于东京法庭《宪章》规定法庭法官来自日本投降书上签字的国家,中国作为其中之一,也派出向哲濬与梅汝璈先生分别担任东京法庭的检察官与法官,参与这一历史性的审判。

不仅如此,中国对后来国际刑法的发展也作出了贡献。冷战结束后,由于国际社会两大阵营之间的严重对立,宗教及民族之间矛盾引起的暴力冲突凸显。国际社会开始强调"和平离不开正义",并成立了不少国际刑事法庭,如前南国际刑事法庭、卢旺达国际刑事法庭、东帝汶特别法庭、塞拉利昂特别法庭、柬埔寨特别法庭及非洲特别法庭等,此外还有常设的国际刑事法院。

上述的前南国际刑事法庭、卢旺达国际刑事法庭及黎巴嫩特别法庭,是联合国安理会为解决巴尔干地区内的种族暴力冲突、为了卢旺达在1994年发生种族灭绝屠杀后实现民族和解、为了惩治杀害哈里里的凶手,而分别通过决议成立的。中国是安理会常任理事国之一,具有否决权。如果中国反对,安理会这些决议就通不过。因此从这个意义上讲,中国不仅对东京审判,而且对后来国际刑事法庭的司法实践,都作出了比较大的贡献。

维护以联合国为核心的战后和平国际秩序,主要是维护世界和平与安全。中国是联合国安理会常任理事国,是一个有特权的国家。用《联合国宪章》的话来说,就是对维护世界和平与安全负有首要责任的国家。现在中国有些急迫的问题,如南海问题、钓鱼岛问题等,但对于国际刑法问题,如关于国际刑事法院机制的运作,从长远来看也需要关心和研究，因为里面含有国际关系走向和对世界未来具有关键性作用的道理。国际法（国际刑法是国际法的一部分）主要就是关于国家如何解决问题、如何设计和建立国际秩序的学问和规则。一个大国，不仅人口众多，幅员辽阔，而且还得对其他国家有影响，对世界有正能量。所以从这个意义上讲，中国要提高自己在国际上的地位，要能为世界和平与安全作贡献，就一定要加强国际刑法的研究和运用。

中国需加强法律"软实力"

记者：中国的经济发展有目共睹。随着中国综合国力的提升，您认为中国在国际法舞台上应发挥怎样的作用？如何做（或者在哪些方面需要加强）才能发挥这样的作用？在现代国际治理中，有些学者提出中国要提升话语权，特别在国际贸易、国际金融中，那么在国际刑法当中，是否也要提升话语权呢？

朱文奇：这问题也提得很好。刚才提到中国是一个大国，并正努力成为一个世界强国。一个大国或强国，应该对世界其他国家有影响力，这就是我们常说的"软实力"（soft power）。所以，我们中国除了经济（已是世界第二大经济体）和政治（联合国安理会常任理事国）方面的优势以外，毫无疑问还应该具备人文及法律等方面的优势。

我们媒体和学术界经常说要提升话语权。言下之意，好像中国的话语权不够，需要去争取。这其实是一个误解。在世界舞台上，或者具体说在国际刑法实践中，中国不但有话语权，而且比一般国家还多一些。比如东京审判，中国就属有资格派出法官和检察官的 11 个国家之一，是全世界 11 个国家中的一个，话语权上就有一定的优势。此外，中国在前南国际刑事法庭及联合国国际法院也都有自己的法官。

　　国际法庭的法律程序与一国国内的不一样。国内司法机构判决通常是以法院名义作出，法官的个别意见或反对意见仅在法庭内部审议阶段讨论，最后的判决是单一的，不存在以法官个人名义发表的意见。但国际司法机构不同，尽管法官审议过程是秘密的，但判决书中可以包括多数意见和少数意见以及法官的个别意见或反对意见。法官在证据与法律的基础上来决定收受证据并对被告是否有罪作出最终判决。所以法官的意见非常关键和重要，它会对国际法律制度产生相当的影响作用。在东京审判中，除多数判决书以外，澳大利亚的韦伯（Webb）法官和菲律宾的哈那尼拉（Jaranilla）法官提交了分述的但实质是并存同意的意见。荷兰的洛林（Roling）法官、法国的柏乃尔（Bernard）法官和印度的帕尔（Pal）法官出具了反对意见。今天要研究东京审判，就不可能不去研究和了解这些法官的意见。

　　除了法官以外，国际刑事法庭为了弄清真相，还欢迎任何其他个人或团体就法庭审理中的事实及法律问题提出意见，这就是国际刑法中的"法庭之友"（amicus curiae）制度。中国政府曾就联合国前南国际刑事法庭关于"国际法庭是否有权向主要国家发送（具强制力的）传票"问题，以"法庭之友"的身份提出自己的立场和意见。所以，话语权不是没有，而是一直在那儿放着，问题是你想不想用。当然，用与不用还涉及能力问题。

　　国际刑法对专业的要求很高。比如东京法庭审理的"侵略罪"（反和平罪），对一般人而言，日本上百万的军队来到中国，烧杀抢掠，狂轰滥炸，给中国造成了很大的伤害，如果这不叫侵略？那应该叫什么呢？然而当东京法庭审理时，由于法律上的"法无明文不为罪"和"法律不能溯及既往"等原则，法庭就要首先审议和确定"侵略"的定义是什么？它在二战时是不是已成为国际法上的罪行？如果是，法庭还不能当然地推定被告构成了犯罪，它还必须佐之以证，以确定被告对这些罪行负有责任。这是一个证明过程；而在这个过程中就需要法律功底。而我们中国，需要具有"软实力"，需要具有厚实功底的法律专家。

（本文大部分发表于《法制日报》2015 年 8 月 25 日）

7.

东京审判亲历者后代：
父辈家国情怀深受感动

梅汝璈（1904—1973 年） 男，1916 年至 1924 年间在清华学校学习，1924 年考取公费赴美留学项目，入读斯坦福大学，1926 年获得文学士学位，进入芝加哥大学法学院学习，1928 年获得法学博士学位；1929 年归国后曾任教多所大学，曾任行政院院长宋子文、外交部部长王世杰的助手；1946 年代表中国出任远东国际军事法庭法官，参与了举世闻名的东京审判，对第一批 28 名日本甲级战犯的定罪量刑工作作出了突出的贡献。中华人民共和国成立后，历任第一届全国人大代表、全国人大常委会法案委员会委员、全国政协委员，1973 年在北京逝世，终年 68 岁。

向哲濬（1892—1987 年） 男，1917 年从清华学校毕业后，赴美国耶鲁大学攻读文学和法学，获文学和法学双学士，随后入华盛顿大学学习国际法，获法学博士学位。归国后曾任北京、法政、东吴等大学教授；抗日战争结束后，出任远东国际军事法庭中国检察官；之后先后在北京大学、北京交通大学、北京法政大学、上海大夏大学、东吴大学担任大学教授；1952年院系调整后，又先后在复旦大学法律系、上海社会科学院担任法律教学和研究工作。1960年担任上海财经学院（今上海财经大学）教授兼外语教研室主任。1987年逝世，享年96岁。

2015年8月25日，《东京审判》新书发布会"东京审判：铭记历史珍爱和平"在上海书展期间举行。当时参加东京审判的中国法官梅汝璈之子梅小璈和中国检察官向哲濬之子向隆万在会后接受我们采访时表示，虽然父亲们都是学四书五经出身，又接受过东西方最好的教育，但是家国情怀依然很重。在碰到家国利益、民族利益的情况下，他们会义无反顾地去维护自己国家和民族的利益。

2015年是中国抗日战争胜利暨世界反法西斯战争胜利70周年。70周年后的今天，人们永远不会忘记那段历史，更不会忘记那个具有划时代意义的重大审判——东京审判。

作为战胜国之一，来自中国的梅汝璈先生及向哲濬先生作为中国的法官和检察官参与审判，对日本战犯提出起诉，并最终将日本战犯绳之以法。

不为人知的故事

"我是在整理东京审判的历史资料中逐渐认识自己的父亲的"。梅小璈及向隆万先生向记者表示。

"我对父亲的了解，可以说是从一无所知到略有了解吧"，梅小璈说道。1952年，梅小璈出生时，梅汝璈已经48岁，而1973年父亲去世时，梅小璈才21岁。在这个过程中，由于当时的客观环境，梅小璈跟父亲的沟通交流不多，而对于东京审判更是极少提起。

而对向隆万先生而言，他出生时父亲向哲濬也已年届五十。父亲参与东京审判时，向隆万仅仅5岁。向哲濬1987年去世，但在生前也很少对家人提起东京审判那段经历。"在我的印象中，父亲是一位慈祥的老人，但是在对东京审判资料收集的过程中，我发现父亲在法庭上与辩护律师的唇枪舌剑的辩论以及大义凛然的样子，非常令我敬佩。"向隆万说道。

仔细搜索向哲濬及梅汝璈先生的经历，有很大的相似性。两人都是清华学校（清华大学前身）的学生，之后又到美国顶尖法学院修学，因而都受到了东西方文化的精英教育。

向哲濬早年留学美国耶鲁大学和乔治·华盛顿大学，归国后曾任北京法政、北京交通等大学教授，抗日战争结束后，出任远东国际军事法庭中国检察官。

梅汝璈先生则于1924年清华学校毕业后，赴美国留学，先在斯坦福大学文学院学习，后入芝加哥大学法学院专攻法学。1928年，梅汝璈学成回国，先后在武汉大学、山西大学、中正大学、南开大学、复旦大学当法学教授，并长期担任国民政府立法院委员之职，对于各项法规的制定与推行，多有胜人一筹的贡献。抗日战争胜利时，被任命为我国参加"远东军事法庭"的首席审判官。

向哲濬先生较梅汝璈先生年长十来岁，之所以向哲濬担任检察官而梅汝璈担任法官，还有一段不为人知的故事。梅小璈说，"父亲之所以被任命为东京审判的法官，除了跟他的工作有关系外，跟前辈(向哲濬)的推荐也有很大关系"。

　　而向哲濬之所以推荐梅汝璈担任法官，实际上是有原因的。《东京审判》作者之一何勤华说，向哲濬与梅汝璈是师兄弟，都是清华学校毕业，之后到美国留学。起初有考虑是让向哲濬当东京审判的法官，但考虑到东京审判采取的是英美法系程序，检察官在审判当中的责任巨大，需要担负起举证的责任，而法官在审判过程中要居中审判，因此向哲濬认为应当由他冲在前头，担任检察官，而让梅汝璈担任法官。

背负巨大的压力

　　由于东京审判采用的是英美法系的对抗程序，因而在法庭当中，证据就显得十分重要。而在当时的中国，对英美法庭的程序不甚了解，而且对证据的收集和保留更是没有经验，因而给案件的审判带来了很大困难，这对身为检察官和法官的向哲濬和梅汝璈来说，压力可想而知。

　　向隆万说，当时找证据是最重要的，同时也是最困难的，这除了因为中国人没有保留证据的习惯，还有因为日本也对证据进行大量销毁，所以当时对检察官来说，找证据找证人成了最大的工作。这在梅汝璈的日记中有所体现。梅汝璈的一篇日记里提到："向哲濬很是苦恼"。

　　除此以外，控辩双方也存在巨大的力量悬殊。加上前期初期准备阶段，在前后长达 3 年时间里，中国代表团仅派出了 17 人，其中检察官团队人数为 13 人，参加法庭审判的中方人员自始至终没有超过 10 人。当时苏联代表团有 70 多人，美国代表团人数过百，而日本 28 名甲级战犯的辩护律师多达 112 人。但是在东京审判中，涉及的 55 项罪行中，有 44 项与中国相关，中国是此次战争中受害时间最长、牺牲最大的战胜国。

　　除了实际力量配备不足外，来自国内的不理解和压力也是很大的。

作为战胜国之一，梅小璈说，国内许多人认为审判只是走走形式，但到了进入审判时，才发现没有那么容易。"当时父亲只有 40 多岁，但是担任法官后没多久头发很快就白了，因为他一直是处在矛盾和焦虑当中。我母亲说，父亲在审判期间仅有的两三次回国述职时，心情很是沉重，完全没有胜利者的喜悦，感觉他很焦虑，最终判决结果也有不尽如人意之处。"

东京审判从 1945 年 5 月 3 日第一次开庭到 1948 年 11 月 12 日宣判，共历时两年多。但是，由于当时国内环境特殊，许多人并不理解审判为什么拖了那么久。梅小璈说，父亲回复道，法官对量刑有不同的意见，甚至分歧很大。为了实现中国人民的诉求，梅汝璈和各位法官进行沟通，做了很多努力，最终达成了一个"差强人意"的结果。

梅小璈说，一些影视作品描述了梅汝璈与向哲濬在一起讨论案情，这实际上是不符合历史事实的，因为在英美法系中，法官和检察官是不能在一起讨论案情的。实际上，为了避免嫌疑，向哲濬还搬出了当时居住的宾馆。

家国情怀

1946 年 2 月 15 日，盟军统帅麦克阿瑟根据各盟国政府的提名，正式任命了远东国际军事法庭的 11 名法官，其中包括梅汝璈先生（另外 10 名为澳大利亚的韦伯、美国的希金斯、英国的帕特里克、苏联的沙阳诺夫、法国的柏乃尔、加拿大的马克杜古、荷兰的洛林、新西兰的诺斯克鲁夫特、印度的帕尔、菲律宾的哈那尼拉）。

对于此项任命，据当时媒体报道，梅汝璈曾向前来采访的记者慷慨吐露心迹："审判日本战犯是人道正义的胜利，我有幸受国人之托，作为庄严国际法庭的法官，决勉力依法行事，断不使那些扰乱世界、残害中国的战争元凶逃脱法网。"

"我无意去做一个复仇主义者，但是如果我们忘记历史，那一定会招来更大的灾难。"梅汝璈生前在日记中的这句话，一直为我们所熟知。梅小璈说，父亲曾经表示，如果不能达到目的，就无颜见江东父老。

"在整理父亲遗作的过程中，我逐渐感受到父亲所具有的那种传统的家国情怀。在碰到家国利益、民族利益的情况下，他会义无反顾地去维护自己国家和民族的利益。"梅小璈表示，尽管父亲受过洋教育，但是他的这种家国情怀一直没有改变。在审判的过程中，为了让日本战犯得到应有的惩罚，梅汝璈与其他法官激烈争辩，力主死刑，将东条英机等人送上绞刑架等。

在向隆万的眼里，父亲是一个非常了不起的人。"父亲与梅汝璈经历有些相似，都是学四书五经出身，又接受过东西方最好的教育，但是家国情怀依然很重。"向隆万说。

而最让向隆万感到自豪的是，作为东京审判的检察官，向哲濬主张因"皇姑屯谋杀事件"而把 1928 年作为起诉的始点，得到国际检察处的认可，这比 1941 年 12 月"珍珠港事变"提前 13 年，比 1937 年 7 月 7 日"七七事变"提前 9 年，比 1931 年 9 月 18 日的"九一八事变"提前了 3 年多。

"在父亲与国内政府的 83 封函电中（从 1946 年 2 月 9 日至 1948 年 11 月 13 日），有一封谈到'心系成功，未敢懈怠'。我感觉到他身上的民族责任感是来自骨子里的。"向隆万说。

（本文发表于《法制日报》2015 年 9 月 1 日）

8.

李月芬：中国在贸发会中发挥重要的作用

| 人物简介 |

　　李月芬　女，曾就读于北京外国语大学、伦敦政治经济学院和美国国际管理研究院，现为瑞士日内瓦的政府间智库——南方中心的经济和发展金融特别顾问。1990 年至 2014 年，在联合国贸易和发展会议工作，曾先后出任债务与发展金融部主任（副总干事级别），高级经济事务官和"促进负责任的主权借贷""主权债务解决机制""全球化"等项目经理。2012 年被采访时担任联合国贸易和发展会议全球化与发展战略司债务与发展资金部主任。

　　2012 年 11 月 19 日，我们来到位于瑞士日内瓦的联合国欧洲总部——万国宫，拜访联合国贸易和发展会议（以下简称"贸发会"）全球化与发展战略司债务与发展资金部主任李月芬。之所以拜访贸发会，一方面因为债务危机正席卷全球，欧洲作为危机的重灾区，阴霾迟迟未能散去；另一方面也是久闻李月芬的大名，因为在联合国这种重要的国际组织里身居要职的中国人并不多见。

　　贸发会总部位于万国宫。来到万国宫，最显眼的标志即是正门前悬挂的各国国旗及一把断了一只腿的椅子。

初次见到李月芬，给人的印象是"干练"，这与她二十几年的经历是分不开的。李月芬从外语学院毕业之后，曾到英美留学攻读经济学，1990 年进入联合国贸发会工作至今。在像联合国这样重要的国际组织里，目前中国人的身影并不多见。而对于一个女性，能取得这样的成绩，更是难得，背后自是付出了巨大的努力。李月芬感慨地说，一个人的成功包括了很多方面的因素，除了自身自强不息外，学历、专业知识、语言、人际关系等都非常重要。现在每个国家都非常重视在国际组织中能有本国人，因为这些了解自己国家的人在国际组织中能为本国争得更多的话语权。比如，如果有人对中国的某个说法或评价不准确或有误解时，作为一个中国人，就可以指出他这样或那样的说法不符合实际情况，而遇到重要项目，她认为适合在中国实施时，也会提出相关的建议。记者笑言，这其实在某种程度上，也在为祖国贡献一份力量。

中国加入贸发会已有 40 年

联合国贸发会成立于 1964 年，是联合国大会常设机构之一，目前有成员国近 200 个，是审议有关国家贸易与经济发展问题的国际经济组织，也是联合国系统内唯一综合处理发展和贸易、资金、技术、投资和可持续发展领域相关问题的政府间机构。

贸发会的宗旨是促进国际贸易，特别是加速发展中国家的经济和贸易发展，制订国际贸易和有关经济发展问题的原则和政策；推动发展中国家和发达国家在国际经济、贸易领域的重要问题谈判的进展；检查和协调联合国系统其他机构在国际贸易和经济发展方面的各项活动；采取行动以便通过多边贸易协定；协调各国政府和区域经济集团的贸易和发展战略。

中国自 1971 年恢复在联合国的合法席位后，于 1972 年 4 月第一次参加了贸发会，以后便一直参加贸发会的活动，目前是贸发会、贸发理事会以及所属各主要委员会的成员。至今，中国加入贸发会已有 40 个年头了。

中国日益发挥重要作用

因为已经在联合国贸发会度过了二十多个年头，李月芬对于这几十年来中国的角色变化有着亲身感受和深刻的体会。李月芬说，中国在维持全球需求上发挥了重要的作用，并作出了积极的贡献。中国是世界上第二大经济体，正在经历从依赖投资和出口到提高国内消费的经济结构改革，这种改革本身就为世界经济增长和复苏提供了巨大的帮助，这不仅仅体现在商品上，也体现在其他方面，比如旅游。另外，中国在 IMF 的份额变化以及购买的欧债数量，都表明中国在世界经济复苏中作出了巨大的贡献。

李月芬还谈到了一个有趣的现象，即现在经济学家们在一起讨论问题时，经常第一个问题探讨未来世界经济的增长率会是多少，而第二个问题就是讨论中国的 GDP 会增长多少。

中国在联合国贸发会中同样发挥了非常重要的作用。李月芬说，这体现在许多方面。比如，最近在卡塔尔首都多哈举办的联合国贸发会第十三届大会（每 4 年举行一次）上，由于金融危机的影响，发达国家对联合国贸发会未来四年的主要任务有些不确定，中国则认为联合国贸发会为发展中国家在智囊团方面提供了非常重要的帮助，应当继续在国际社会上发挥积极的作用。这对于确定贸发会未来四年的主要任务有着重要的影响。

债务危机解决仍需时日

自 2008 年爆发全球经济危机以来，欧债危机的解决尤为引人关注。特别是最近，欧洲政坛上的变动为欧债危机的解决又蒙上了一层阴影。李月芬认为，在债务危机的解决过程当中，政治因素的影响是不可避免的。因为政治家们为了迎合选民的要求并赢得选举，经常不得不作出妥协。同时，债务危机的解决是一个长期的过程，从历史上看，任何一个债务危机的解决都需要一个长期的过程，所以要做好打持久战的准备。

但是，李月芬说，如果存在某种机制，让主权债务国家走向债务重组，那么在解决债务危机的问题方面，就会容易一些。欧债危机后，由于缺乏这样的机制，主权债务国家总是延迟债务重组的计划，比如希腊。

为了尽快解决债务危机，达成这样的机制，李月芬介绍说，贸发会与有关金融机构、政府部门、IMF、私人领域等开展合作，邀请了相关经济学家和法律专家，制定了针对所有债权人和贷款人的"原则"（即"促进负责任的主权借贷"指导原则文件）。这是第一次针对所有的国家出台的统一框架。但是目前，它还只是自愿性质的软法（即指由成员国自愿遵守，不具有强制性）。目前已有 13 个国家采用了"原则"。同时，联合国、国际组织也在积极讨论这些原则，并鼓励大家采用这些原则。李月芬相信，只要国际社会达成共识，采纳"原则"，就能减轻债务危机，有助于债务危机的解决。

（本文发表于《法制日报》2012 年 12 月 25 日。合作者张慎思）

9.

单文华：一个国际法学者的中国梦

| 人物简介 |

　　单文华　男，生于 1970 年，西安交通大学校长助理、法学院院长、教授、博士生导师。英国剑桥大学与中国厦门大学法学双博士，中组部"千人计划国家特聘专家"、教育部"长江学者讲座教授"、英国剑桥大学劳特派特国际法研究中心资深研究员、国际比较法科学院（IACL）荣誉院士，是该科学院全球 80 名荣誉院士中第一位来自中国大陆的荣誉院士。主要研究领域为国际法与比较法（特别是投资、贸易、商事与仲裁法），是该领域的国际著名学者。

　　在西安交通大学 2013 年年底举办的"中国国际经济法学会 2013 年年会暨国际学术研讨会"上，我专访了西安交大法学院院长单文华。从英国剑桥大学毕业之后，单文华受聘于牛津布鲁克斯大学法律系担任国际法讲师，成为新中国成立以来在英国大学里主讲国际法的第一位中国人。2004 年、2006 年又连续提前晋升，担任高级讲师和教授职务。即便对一名英国教师来说，这也是少见的。对一个外国人来说，这说明单文华在英国不仅已经安居乐业，而且已经牢牢确立了学科带头人的学术地位。

带着梦想

2005 年，年仅 35 岁的单文华回到祖国母亲的怀抱，这是他人生第一次踏上西北这片广袤而陌生的土地。2005 年也恰逢西安交大恢复法学专业 20 年，法学系当时归属人文学院。"想做点事情，想把西部法学做起来"，单文华带着最初的梦想"空降"，就任人文学院院长。作为当时西安交大最年轻的学院院长，他顶着各种"拭目以待"，一切从头开始。

记者：作为英国剑桥大学的高材生并在海外高校担任法学教授，您回国有很多选择，更多的人会选择去北京、上海等大城市，您为什么选

2017 年 5 月，与单文华教授合影。

择了经济欠发达的西部？

单文华：尽管在外多年，我的骨子里还是有着中国传统的东西，叫落叶归根不合适，但我认为学到好的东西就要带回来。我希望有机会能用自己所学为自己的国家做点事情，西安交大提供了这样一个机会，所以我就回来了。

记者：转眼间您已经回国八年了，您对当初的决定后悔吗？

单文华：不后悔，我认为很值。我很高兴看到西安交大法学和文科的快速健康成长。在法学方面，西安交大跻身全国领先法学院行列，特别是国际法与比较法学科已经在国际上崭露头角。例如，美国基本科学指标数据库（ESI）2013 年 5 月 1 日更新的数据显示，西安交通大学的 SOCIAL SCIENCES, GENERAL（社会科学·综合）进入 ESI 全球前 1%。这是一项重要的指标，充分彰显了西安交大文科日显突出的国际地位。

从我个人的角度来说，我不仅得到了很好的锻炼，也获得了校内外、国内外很好的支持和认可。这种支持可以说是无所不在。这些年我也先后入选"国务院政府特殊津贴专家""长江学者讲座教授""千人计划国家特聘专家"。这些都是和西安交大以及国家的支持分不开的。

扎根西部

经过八年多的发展，西安交大法学院已经在法学界崭露头角。用单文华的话说，这八年来，他不断地做着"加法"，让西安交大法学院取得一个又一个突破。

记者：在西安交大建设法学学科，可以说是从零开始。这八年来，您是靠着怎样的信念坚持过来的？

单文华：我属于比较典型的湖南人，比较务实，强调的是"经世致用"，虽然也不乏理想和梦想，但更看重的是实实在在的工作、点点滴滴的进步，小流汇江海，跬步至千里的线路。从方法上看，我崇尚的是做"加法"。

记者：您对西安交大法学院的目标是什么？经过八年的发展，现在的运作状况如何？

单文华：担任法学院院长时，我的目标是将法学院建设成为一所"高起点、国际化、研究型"的国际一流法学院；在操作层面，我们确立了"国际化""交叉化"和"重实践"三个要点。

首先，在"国际化"方面，我们主要做了以下几个方面的工作。第一，打造一支高水平国际化的学科梯队。目前不仅有千人计划国家特聘专家，还有两名长江学者讲座教授、两名教育部新世纪人才。这是我们国际化发展的首要依托。第二，我们成立了"丝绸之路国际法与比较法研究所"，并购置了价值约 500 万元的外文原版图书以及价值 100 万元的中外文法学数据库，从而建造了一个亚太一流的国际法与比较法科研与信息基地。第三，我们创办了《中国比较法学刊》国际期刊，致力于打造国际一流比较法学术研讨交流平台。第四，我们和剑桥、伦敦、欧洲大学研究院、德国马普所等国际一流机构建立密切合作关系，联合培养硕士研究生、博士研究生。第五，我们取得了教育部和国家外专局的支持，开办了"丝绸之路国际经济法国际研讨班系列"，目前已举办三期。第六，在上述基础之上，我们取得了国家"涉外型"卓越法律人才教育培养基地，开办了"涉外型卓越法律人才基地班"，以中外联合贯通的"4+1"或"3+2"模式培养一流的涉外法学人才。

其次，我们结合西安交大的理、工、管等综合性学科优势，大力发展"交叉学科"研究和复合型人才的培养。比如，我们将法学与管理学的优势结合，开创了"法律治理学"博士点。

最后，我们强调"重实践"，这是法学作为一门实践性很强的学科的要求。比如，我们建设了一个集模拟法庭、模拟仲裁庭、法律诊所等实践教学设施于一体的实践教学基地——"法律坊"。"法律坊"的名称是我们的首创，也是与我校"工程坊"一脉相承的。

中国之声

单文华认为，我们距离引领世界法学发展的时代需求差距还很大。但是，不少领先型的法学院已经把高端国际化人才的培养作为其人才培养的重中之重。可以预见，在未来的几年里，将迎来国内先进法学院国际化的一个热潮。

记者：作为一名"海归"，您认为在国际上如何让中国法学立于世界法学之林？

单文华：从做强中国法学的角度，特别是加强中国法学在世界的影响力来说，我们已经做了不少工作。从我个人而言，我曾作为第一位中国学者在国际比较法大会、美国国际法学（ASIL）年会、国际经济法学会（SIEL）双年会、国际运输工人联合会（ITF）等本专业最重要的国际学术会议上作总报告、专题主持人或主题报告人。

又比如，我们创办并主编了由牛津大学出版社出版，并由 IACL 指导的英文国际期刊《中国比较法学刊》，目的就是要以"世界视野、中国重心"为宗旨，大力推动中外法学交流互动，从而在世界法学特别是比较法学的发展演进过程中发出中国声音，扩大中国影响。但是，总体而言，我们在这方面的工作还做得很不够，距离引领世界法学发展的时代需求差距还很大。这是我们所面临的问题和挑战，也是中国法律学人重大的历史机遇和历史使命！

记者：现在，我们经常提"中国话语权"，作为一名国际法教授，您认为我们应该如何提升我们的话语权？

单文华：在展现"中国话语权"的层面，我们的能力建设尚需大大加强。但是，国家目前对此非常重视，"千人计划""长江学者奖励计划""新世纪人才计划"等重要人才计划的实施为这方面的人才队伍建设奠定了一定的基础。同时，教育部卓越法律人才计划的实施，特别是"涉外型"卓越法律人才教育培养基地的布点建设，从长远来看，也将有力推动这方面的能力建设工作。不少领先型的法学院已经把高端国际化人才的培养作为其人才培养的重中之重。可以预见，在未来的几年里，将迎来国内先进法学院国际化的一个热潮。

（本文发表于《法制日报》2013 年 11 月 5 日）

10.

陶景洲：见证中国律师业30年发展

| 人物简介 |

陶景洲 男，1958年生，1982年毕业于北京大学法学院，获法学学士，之后到法国留学，是中国恢复高考制度后第一批公派留学研究生，1984年获法国巴黎第一大学深造文凭。1991年取得法国执业律师资格。现为美国德杰律师事务所负责亚洲业务开拓的执行合伙人。他是进入法国律师界的第一个中国大陆人，也是最早回国开拓中国市场的外国律师之一。陶景洲还被誉为"中国反倾销第一人"，因为帮助中国企业打赢了第一场反倾销官司，同时他也被钱伯斯国际律师评级机构评为"亚洲地区最优秀的仲裁律师"。

记者：看了您的学习经历，可以用"学贯中西"来形容，是个名副其实的学霸。您是北大77级法律系的学生，同时也是早期出国留学的那一小部分人。您如何看待那段经历？它带给您最大的收获是什么？

陶景洲："文化大革命"刚结束时，我们参加高考考入北大的绝密专业——法律专业，感到特别兴奋。邓小平先生在我们快毕业时又决定选派出国毕业研修生，当时中国的外汇储备是24亿美元，邓小平先生决定从中抽出钱选派中国学生出国学习，是一个很有魄力的举措。我有幸到法国学习比较法、比较行政法。在我看来，这么多年的经历使我开阔眼界、解放思想、增加知识，收获非常大。

记者：我看了关于您的一些报道，还有您参与的许多活动，除了本职律师外，还出书，担任兼职教授，这让我非常惊讶，一个人如何可以有这么多的精力，做这么多的事情，您有什么信念吗？

陶景洲：在我看来，人既要有智商，也要有情商，更要有热情。我喜欢律师这个职业，也希望将我 30 多年来的经验与年轻人和社会分享，所以才会在闲暇时到大学讲课，写文章和出书。我觉得不这样做是精力的浪费。

记者：在律师界，您获得了很多荣誉，如曾被《钱伯斯全球 2010》《钱伯斯亚洲 2010》《钱伯斯全球 2009》等评为"卓越和备受尊重的职业律师"以及"亚洲地区最优秀的仲裁律师"；被《2009 年法律名人录》

2017 年 5 月，与陶景洲律师合影。

列为办理商务仲裁和公司治理业务的著名律师；被国际体育仲裁理事会任命为 2008 年北京奥运会特别仲裁庭的仲裁员。在您看来，一名优秀的律师应当具备什么条件？

陶景洲：一名优秀的律师首先必须要对所从事的专业有比较深的了解，如刑事律师、婚姻继承律师、民事商事律师等。由于我本人是商务律师，从事国际商务、国际投资和兼并收购，因此我认为商务律师应当具有国际视野、商业头脑和律师技能等三方面的能力。仅仅有律师技能，而忘掉了所服务的商业客户的话，不了解他们的商业目的，不了解谈判对手的商业目标，就不是一名好的商务律师。在做跨境商业兼并收购时，需要知己知彼，了解中企需求的是什么，外国企业的商业目标是什么，以及他们的心理活动是怎么样的，这需要国际视野。同时一定要换位思考，站在客户的角度，了解客户需要什么样的服务水平和可接受的价格，并能急他所急，客户才能信任你。

记者：您是进入法国律师界的第一个中国大陆人，也是最早回国开拓中国市场的外国律师之一。您如何看待中国与西方律师界的差异？

陶景洲：中西的律师业差异很大，而且差异在不断的变化中。30 年前，外国律所规模大，国内很多律所是小作坊，现在中国已经有很多很大的律所了；30 年前，中国很多法律是空白的，因此需要中国律师对交易进行创新安排，而这些在国外律师看来是不可思议的，因为国外律师都是根据法律框架来安排交易，而中国因为法律空白，需要律师对交易进行设计安排，使交易模式具有实际操作性和安全性。

记者：您曾服务于在中国设立分支机构的律师事务所——美国高特兄弟律师事务所。2005 年 5 月，高特兄弟事务所因经营亏损而宣布解散。当时，与全球多处办公室亏损的情况相反，您带领的中国团队多年来一直维持盈利。我想，这除了个人能力之外，是否同时也意味着，中国蕴涵着巨大法律服务市场？过去是这样，现在是否也是如此？

陶景洲：我刚回国时是1991年，还未允许国外律师事务所在中国开业。一直到1992年10月20日，中国司法部和国家工商总局才允许外国律师事务所在中国设立办事处，因而才有了外国律师事务所法律上的存在。我当时服务的事务所申请到001号批准证书，作为第一批12家外国律师事务所之一在中国开业。当时，中国的法律市场还比较小，中国律师事务所也比较小，国际业务能力还比较差。我记得当时做第一批中国企业在海外上市，这对中国律师来说是新鲜事，因为没有做过相关法律服务。但是中国律师特别聪明，学得很快，从当时没有做过到如今海外上市领域经验比外国律师还要好。

中国法律服务市场在过去30年可以用爆发式增长来形容：一方面，外国企业来中国越来越多，他们需要中国的法律服务；另一方面，中国企业在海外做贸易投资、兼并收购、上市，也需要法律服务。众多企业在中国香港、美国上市，或两地上市，这些都是法律服务的增长点。中国法律服务市场的增加与中国经济在世界上地位的增长是成正比的。

记者：您从1985年执业以来，几乎经历了中国律师业发展的整个过程。看着中国律师行业的发展，作为一名亲历者和见证者，您有什么感受？中国法治在国际舞台上的变化，您感受最深的是什么？

陶景洲：对我们国际商务律师来说，中国企业的法律意识提高很大，他们意识到合同重要性以及律师介入必要性，否则要吃很大的亏。中国企业在国际交往中，越来越重视律师的作用。这是一个很大的变化。另外，中国政府、中国驻外使领馆、商务处也逐步认识到律师的作用。在国际交往中，无论在世贸组织，还是在签订双边或多边协定方面，中国律师和外国律师要一起服务于中国政府在双边或多边的谈判过程和解决纠纷过程，发挥更大作用。最后一个法律服务市场变化是，中国律师事务所也不断"走出去"，不少中国律所在很多国家设立办事处，为当地企业和贸易提供便利的法律服务。

记者：您曾经在联合国讲过课，并且也在那个时候，代表中国企业打赢了第一个反倾销官司，有媒体称您为"中国反倾销第一人"。您能否和我们分享一下这段经历？

陶景洲：在 20 世纪 90 年代初，随着中国对外出口爆发式增长，引起欧美保护主义抬头，其中主要是采取反倾销手段，中国取代日本成为欧美反倾销措施针对国家第一名。我做了几十个案子。这都是十多年前的事。案子之所以成功，我认为主要是因为中国企业配合、我的协调作用以及欧盟律师坚韧不拔的精神，说服欧共体成员国代表同意征收反倾销税对欧盟整体利益是不利的。所以，当时主要欧洲国家否决了欧共体委员会的反倾销初步裁决，赢得诉讼。

记者：现在说要提升中国的话语权，中国也在世界舞台上发挥越来越大的作用。您认为，律师可以在这个过程中发挥什么样的作用？

陶景洲：律师可以发挥多方面的作用。在众多国际条约的谈判和起草过程中，中国律师应该找到自身角色，把中国法律观念输入到相应条约里。中国律师在国际舞台上应该有更大可见性，让大家能听到中国的声音，看到中国的观点，和外国律师交朋友，通过这种互动增加中国对国际机构的话语权。

记者：马上将迎来新一年的法学院毕业生，您对学生当律师有哪些建议？

陶景洲：我认为，在选择做律师、公务员，还是做生意，关键在于要真正喜欢这个职业。律师职业是个苦差事，要有强壮的身体。如果爱好这个行业又有好身体，在大学里可以侧重学习法律实务方面的专业知识。不同专业的律师，需要不同的知识，知识结构也不一样，因此应该要有所选择地学习课程。例如，做国际商务律师，就需要学习更多的企业财务会计制度并加强对未来商业交易的理解等。

记者：虽然现在跟您当时留学的环境已经发生了很大的变化，但作为一个曾经留学并在国外和国内执业的律师，您对法科学生留学有哪些建议？

陶景洲：现在留学环境与我们当时很不一样，但是我觉得在国外除了学好课程外，还要了解社会，不停走动，关心当地时事政治，融入当地社会，多交朋友，不要一味蒙头读书，要和世界各地的人交朋友。当你从事律师的时候，这些人给你的帮助可能是无价的。

记者：听说您酷爱喝红酒。您刚刚提到当律师必须要有强壮的身体，这是否与喝红酒有关？

陶景洲：法国得心血管病的人最少，这可能与喝红酒有关。在我看来，喝红酒可以陶冶情操，也是和大家交往的工具。酒只有分享，才能发现乐趣。

我是 1982 年 7 月 15 日到法国波尔多，当时我不知道波尔多产红酒，也不知道波尔多红酒是第一位的，更不知道 82 年的红酒是波尔多有史以来最好的年份。因为无知，在老师家喝红酒也没有喝出味道。

我现在代表法国的一些波尔多酒庄在中国保护他们的知识产权，建立销售渠道，从完全无知到比较了解红酒市场。至于趣事的话，在 20 世纪 80 年代，当时北京流行喝红葡萄酒加雪碧，另外，也根本不知道红酒应该保养。我记得曾经要了一瓶酒，但已经变成了醋，因为他们不了解红葡萄酒的保存要低于 18 度，经过 30 多度的保存酒已经变质了。1995 年，中国公布产品质量法时，规定红葡萄酒的保质期不能超过一年。波尔多红酒要 8 年至 10 年后才比较好喝，酒实际上可以放 30 年、40 年甚至 50 年。而当时国家质监局规定不能超过一年，法国客户不能理解。后来说可以改成 10 年，其实也是不合理规定，比如我还保存了我出生年份的红酒。

11.

范徐丽泰：身为中国人我很自豪

| 人物简介 |

范徐丽泰　女，1945 年生，1967 年毕业于香港大学理学院，获理学士学位。1971 年获香港大学人事管理文凭，1973 年获香港大学社会科学硕士学位。现任香港地区全国人大代表及全国人大常务委员会委员，曾任香港特别行政区筹委会预备工作委员会委员，香港特别行政区筹委会委员，1997 年起连续三届当选为香港临时立法会及立法会主席，也是连续四届的香港特别行政区全国人大代表。2007 年获颁大紫荆勋章。

叛逆、坚强、努力，这是她对自己的形容。

亲切、平易近人，这是她身边的人对她的评价。

政坛的"铁娘子"，这是媒体对她的描述。

说到香港人的利益，她觉得这是她的一份责任。

谈起中国的发展，她自豪感油然而生。

她，就是范徐丽泰，全国人大常委、香港特区全国人大代表，曾连任三届香港立法会主席。2015 年 3 月 12 日下午，范徐丽泰接受了《法制日报》记者的采访。一个小时的采访下来，她给记者留下的印象是：

一个坚守着法治精神、心中装着人民、以祖国为豪的法律人。

法律人担子更重了

2015 年是全面推进依法治国的开局之年，这对任何一个法律人来说都是令人振奋的消息。

范徐丽泰虽然不是学法律出身，但是却与法律打了 30 多年的交道。在香港回归之前的 1983 年，她就被委任为当时的立法局议员。而在香港的回归过程中，她也发挥着举足轻重的作用。自 1997 年 7 月 1 日以临时立法会主席的身份带领议员们宣誓开始，她连续三届担任香港立法会主席。同时，1997 年开始成功当选为第九届、第十届、第十一届和第十二届香港特区全国人大代表；2008 年 3 月，在第十一届全国人民代

2015 年两会期间，与范徐丽泰在香港代表团驻地的合影。

表大会第一次会议当选为常务委员会成员。

作为一个法律人，范徐丽泰说，当她第一次听到习近平主席提出"要把权力关进笼子"时，她就觉得这个笼子就是"法律"。之后提出依法治国与习近平主席的讲话是一脉相承的。

"我感觉担子重了，责任大了，因此要努力一点，要多做一点。"范徐丽泰语重心长地表示。国家政策的落实，需要法律基础，立法的过程就是政策落实的过程。立的法，可行性要高，这样才能发挥立法的引领作用，否则就没有办法达到依法治国的目的。

立法要接地气

对于立法的理解，范徐丽泰说，"一定要接地气"。立法要贴近民心、推动民生、得到人民的拥护。

此次的《立法法（修正案）》提出，编制立法规划和年度立法计划，应当认真研究代表议案和建议；全国人大常委会审议法律案，应当通过多种形式征求代表的意见；全国人大专门委员会和常委会工作机构进行立法调研可以邀请有关代表参加；全国人大常委会会议审议法律案，应当邀请有关的全国人大代表列席。范徐丽泰说，这些举措都是把代表们的看法纳入人大常委会立法的过程，都是接地气的表现。

科学立法，范徐丽泰说，就是要客观地、按照实际情况立法。在了解了实际情况和人民期望后，进行调研、咨询、听取地方持分者的意见，提出可行性高的法律。此次《立法法（修正案）》将提高立法质量明确为立法的一项基本要求，并拓宽公民有序参与立法的途径，开展立法协商，完善立法论证、听证、法律草案公开征求意见等制度。这些，在范徐丽泰看来，都是科学立法的一部分。

民主立法，范徐丽泰说，就是要为民立法，听民间的意见。她说，法律不是常委会或者专门委员会的人说了算，要到各地接触民众，尤其要听取地方人大代表的意见，特别是对所立事项有提案的人大代表的意见。

同时，现在有不少法律都是由有关部门草拟的，所以可能草拟的法案不一定能够完全考虑民众的反映。此次《立法法（修正案）》提出，全国人大有关的专门委员会、常委会工作机构可以提前参与有关方面的法律草案起草工作，这就能促使法案的草拟过程可以多考虑几个角度。这次的修正案还提出，行政法规在起草过程中，应当广泛听取有关机关、组织、人大代表和公民的意见，这些都是民主立法的要求和体现。范徐丽泰说，这些都体现了民主立法的要求。

取得人民信任法院就有权威

3 月 12 日上午，最高人民法院院长周强及最高人民检察院检察长曹建明做工作报告。报告的内容随即在社会引发高度关注及热议。大家在报告中真实地感受到了法院及检察院在过去一年里所付出的努力以及所取得的成绩。报告也提到："人民法院的司法权威有待进一步提高"。范徐丽泰说，今年两高的报告非常好。很多地方都给出了很具体的例子。这样能慢慢建立起人民对法院的信任。而有人民的信任，法院就有司法权威。

过去，法院的有些案件裁决不公，这有可能是因为法官素质不够，不知道如何处理，导致人民对法院没有信心。但是，这几年来，范徐丽泰说，法院在不断提升自身的能力。比如，推进审判流程公开、裁判文书公开、执行信息公开。这些做法使法院透明度增加，而这些人民都可以看到，人民有了知情权，就有参与权、话语权。同时，律师也在看。

这样就能渐渐完善法院的工作，取得人民的信任。

同时，法官素质提升，说的话、裁决都有一定水平。人民对法院的信心就会提高。法院坚决纠正冤假错案，都能建立人民对法院的信心。而只要有了人民的信任，法院的司法权威就能提高。

以身为中国人为豪

在采访之前，记者几乎翻遍了所有关于范徐丽泰的报道。其中，有两个细节引起了记者的注意。偶然进入政界，她说是为了"要为香港人服务"，在游说越南船民事件的时候，她说过"我是一个中国人，回归后会留在香港，不会到美国做二等公民"。

范徐丽泰说，她虽然没有出生在香港，但是香港给了她很好的教育，并在香港组建家庭，她认为她有这个责任为香港人服务，为香港的平稳回归出分力。

"如果我不去参与，不尽一份心的话，我会后悔。一路走来到现在，我一直没有改变过。为香港人服务、为国家服务，作为一个住在香港的中国人，我觉得是理所当然的，没有什么特别"，她说。也许，就是这份信念，才支撑着她坦然面对香港回归前后她所受的争议和困难。当时，许多亲西方的媒体都不断地对她进行各种批评。

"虽然清楚地意识到会受到批评，但是我觉得我应该尽责。"她还说，作为中国人，希望国家好，希望多为国家出点力。现在一些国家鼓吹"中国威胁论"，我们改变不了它们，但我们可以做好自己的事，这样就可以解决问题，就可以抵御困难。

最近，香港发生许多损害法治精神的事件，如"占中"事件、"反水客"游行事件，范徐丽泰说，这只是一小部分人制造的事件，许多香港人还是明白事理，这种事情不可能持久。现在许多香港人，特别是年轻人对宪法、基本法了解不够，这或许是因为这么多年来，这方面的宣传教育工作还不到位。因此，她说，我们可以在社会和学校层面加强宪法和基本法的宣传教育，让香港学校的老师和学生更多地了解中国历史、中国的发展，这需要政府带头去做，也需要民间的努力。

（本文发表于《法制日报》2015 年 3 月 14 日）

| 相关报道 |

范徐丽泰：加强法治教育助力香港青年北上发展

在 2015 年两会期间，全国人大常委、香港特区全国人大代表范徐丽泰在接受记者采访时表示，对青年的激进违法行为，应加强法治教育，让他们多了解中国，这需要政府带头去做，也需要民间的努力；虽然目前香港碰到了一些困难，但对香港的未来和法治有信心；香港青年不应局限于香港本土，而应立足于国家。

加强宪法基本法宣传

针对香港青年最近的一些激进行为，范徐丽泰认为，应当做疏导，加强法治教育。

她认为，法治教育分两方面：一是社会上；二是学校里。《中华人民共和国香港特别行政区基本法》于 1990 年 4 月 4 日在第七届全国人民代表大会第三次会议通过，并对外公布，自 1997 年 7 月 1 日起施行。她说，香港回归这么多年了，但对宪法、基本法的宣传还不够。许多香港人，特别是年轻人不了解中国宪法和基本法，不了解宪法、基本法对他们的影响，对宪法、基本法的理解出现偏差，有些人甚至只谈"两制"，不谈"一国"。因此，政府和民间应该多做些工作，加大宪法和基本法的宣传，让他们正确理解宪法和基本法。"没有宪法，就没有基本法；没有基本法，就没有'一国两制''港人治港''高度自治'。"

而在学校里，应该让老师和学生多了解中国的历史和现状，多了解中国的发展。目前，香港的中学课本对中国的介绍还很欠缺，因此应当对历史课程进行优化。另外，可以让老师和学生多到内地来，亲身感受中国，了解中国的各个方面，如外交、经济发展等。了解之后，他们就不容易被误导。她表示，现在她有时会到学校做讲座，但是这些都只是"绵力"，还需要加强这方面的工作。

她说，作为中国人，希望国家好，希望多为国家出点力。现在一些国家鼓吹"中国威胁论"，我们改变不了它们，但我们可以做好自己的事。这样就可以解决问题，就可以抵御困难。对青年人的法治教育，这需要政府带头去做，也需要民间的努力。

对香港未来和法治有信心

1997 年 7 月 1 日，香港回归中国，范徐丽泰带领新一届立法会议员宣誓时说过，虽然我的普通话不标准，但是我要展现出我对香港未来的信心。

如今，香港已经回归 17 年（2015 年）了，针对 2014 年香港发生的"占中"事件以及最近的"反水客"游行事件，范徐丽泰表示，她依然对香港的未来有信心。香港目前碰到的困难是一小部分香港人制造出来的，本来香港没什么大困难，任何争议、困难、矛盾都可以理性、客观地解决。香港明白事理的人还是多数，这种无理取闹、暴力违法的行为最终会令大部分香港人反感，不可能持久。

但是，这些行为却对香港的法治造成了很大的伤害。范徐丽泰说，以前全国人大常委会开会谈到立法、普法或法治精神，她经常会举香港发生的事情作为例子，但是自从发生了"占中"事件后，"我都不好意思再提香港的法治了"。

不过，她强调，香港的发展一直是稳步向前的。大部分香港人也认为要守规矩。她认为，随着社会发展，法律应与时俱进，不断修改，但如果想要改变法律，不应该在制度以外，用违法暴力的方式来冲击法治，而应根据社会的实际情况按规矩寻求解决。

香港青年眼界应立足于国家

在与范徐丽泰的交谈中，记者发现她非常关心香港青年的发展问题。

在"占中"事件及一些游行当中，其中不乏学生和年轻人。范徐丽泰说，香港经济虽然一直往前，但是最近几年贫富差距却拉大了，一部分人薪酬的增加甚至赶不上物价的上涨。这对年轻人来说是一个很大的压力，许多人可能一辈子都买不起房子。青年人的发展除了自身的原因外（如不够努力），政府在这方面的工作也有做得不够的地方。比如，财富在第二次分配的时候，应该要倾向中低收入人群。这样，青年人就很容易被误导，把对社会、对政府的不满以不理性的方式表达出来，从而做出一些违法的事情。

她认为，应当注重对学生及年轻人道德的培养及对国家的认识。不少年轻人对香港的理解只局限于香港，没有了解到国家正在腾飞，青年人的发展也不应局限于香港，而应该立足于国家，考虑如何利用香港近水楼台的优势和作为财经中心的优势。

"我非常赞成鼓励青年北上发展"，她说。政府可以在这方面为青年人提供便利，如向青年宣传职务信息，鼓励企业聘请香港年轻人，当香港年轻人到内地工作后，对内地的市场、环境和生活方式有了一定的了解后，就可能考虑创业。地方可以为这些青年提供创业的机会和条件。再过一段时间，这些年轻人就有可能落地生根了。她特别期望看到"一小时生活圈"能发展起来，特别是港珠澳大桥通车后，有更多的青年到内地生活、发展。但这些都需要政府多做工作、多宣传。

（本文发表于《法制日报》2015 年 3 月 17 日）

| 记者手记 |

　　范徐丽泰是最令我钦佩和感动的采访对象之一。她对事情的执着、对祖国的热爱，是那一代人特有的情怀。也正是这份情怀，支撑着她走过这 30 多年来的风风雨雨。

　　"我是一个中国人，回归后会留在香港，不会到美国做二等公民"。范徐丽泰说这句话时掷地有声，也令记者为之动容。

　　她热爱香港，热爱祖国，为香港人服务，为国家服务，在她看来理所应当。

　　这种情怀，或许是当代年轻人所应当具备的。

12.

贺一诚：实业家出身的立法会主席

．

| 人物简介 |

　　贺一诚　男,1957 年生,现为澳门特别行政区立法会主席,第九、十、十一、十二届全国人大常务委员会委员。1999 年获得了澳门总督颁授的工商业功绩勋章;2001 年荣获澳门特区政府颁授工商业功绩勋章;2009 年又荣获澳门特区政府颁授的金莲花荣誉勋章。

　　他,是一名成功的实业家。

　　他,从 2001 年当选全国人大常委会委员后连任至今。

　　成功的实业家、多次获得澳门特别行政区勋章、连续四届全国人大常委会委员,他就是全国人大代表、澳门特别行政区立法会主席贺一诚。

　　2015 年两会期间,贺一诚接受《法制日报》记者的专访。在采访贺一诚之前,记者了解到,贺一诚快人快语、风趣幽默,他曾经在接受媒体采访时说过:我不讲空话。采访时已是下午 6 点多,但对记者的问题,他知无不言,言无不尽,还聊起了这些年他参与人大常委会工作的感受。

人大是很好的制度

在澳门特区，贺一诚被誉为泰斗级的人物。这是因为他是澳门特区唯一的全国人大常委，而此前，只有何贤、马万祺、何厚铧相继担此大任。也正因为如此，他曾经被媒体传为 2009 年澳门特别行政区行政长官的热门人选。但是，当时他很快就宣布不参加行政长官的选举。

2001 年 3 月，贺一诚当选为全国人大常委会委员。贺一诚说，他已经参加人大常委会的工作 15 年了。这十多年里，内地 200 多个法律的制定，他经历了一半以上，见证了中国特色社会主义法律体系从初步形成到基本形成的全过程。

谈起这十几年的人大工作，他说，一言难尽。中国的发展经历了不同的阶段。在这些不同的阶段里，中国需要制定和修改的法律太多，至今还没有民法典。而每一个体系法律的制定、修改，都会涉及多部法律，甚至是宪法的修改。因此，在他看来，人大在这方面做了许多努力和工作。

他还提到，当初他刚到全国人大常委会的时候，有一个疑问：许多人大常委会的成员都不是法律出身，如何干好立法的工作？现在经过这么多年的工作，他觉得人大这个制度是正确的。这些人在行政部门工作过，了解法律的漏洞，知道法律的缺失在哪里，这样他们在常委会里就能明白地指出来。而且，开会的时候没有人会说假话。他说，这些人告诉他，在人大常委会要站好最后一班岗，把这么多年工作中的遗憾，在这里把好关。他感叹到，人大常委会这个制度是一个很好的制度，很不简单，于他而言，也应该是站好最后一班岗，直到退休。

身为澳门特区的人大代表和常委会委员，他是尽职尽责的，几乎从不缺席人大常委会的会议，每年两会期间也都会提出多个建议，他告诉记者，今年提了6个建议，主要关于如何利用澳门的融资平台。同时，他认为中国在金融方面的法律还比较缺失。

他说，澳门代表团的代表们都有代表性，都是各界的精英或协会、行会会长，这促进了内地与澳门的交流沟通，多年来解决了两地在发展过程中的问题。比如，代表团曾对两地通关、横琴开发等提出建议，并最终促进了双方的合作与发展。

立法是一门艺术

2013年10月16日，贺一诚被推选为第五届澳门立法会主席。之前，他曾当了5年的澳门特别行政区政府行政委员，并于2009年被选为澳门立法会副主席，因此他不但熟悉政府运作而且了解立法程序。他曾经说过："立法的目的不是要约束人的权利，而是要保护人的权利、约束行政权力。以前行政部门总是把立法作为一个管理工具，我永远反对这一点"。

对于立法，他有着独到的见解，他形容立法是一门"艺术"，他说，立法限制公权力无限扩大，就是划一条红线，而人大常委会在划这条红线时会划得比较平衡。比如，在确定刑罚高低的时候，就需要一个平衡。这个行为该处多少刑罚，那个行为该处多少刑罚，都需要一个协调和平衡的过程。他认为，制定法典可以更好地解决这个问题，而单行法就有可能造成高低不一致的情形。

他表示，此次《立法法（修正案）》顺应时代的变化，2000年的《立法法》适应当时的形势，但是经过这十多年的发展，已经不适应现今形势的需要了。而且，这次《立法法（修正案）》赋予设区的市地方立法权，是适应我国当前各地不同的具体情况，同时也体现了老百姓法治意识的提高。《立法法（修正案）》体现了科学立法、民主立法，这两年人大常委会在这两方面都做了很多工作。在他看来，与澳门特区相比，在这一方面没有区别，许多专家、代表、人民都参与立法工作，甚至内地的民主立法做得要比澳门多。

企业走出去法律要先行

除了耀眼的政治身份外，贺一诚曾是一位成功的实业家。他在澳门出生，曾任贺田工业有限公司厂长、董事、总经理。祖业贺田工业有限公司在贺一诚的经营下，不断发展壮大，先后从事制造业、酒店业、房地产业等多个行业，成为粤港澳知名的企业家。澳门回归之后，他才参与政治层面的工作，生意上的事情已交由家里其他人管理。

2015年的政府工作报告提出：加快实施中国企业走出去战略，注重风险防范，提高海外权益保障能力。让中国企业走得出、走得稳，在国际竞争中强筋健骨、发展壮大。

在企业界摸爬滚打多年的贺一诚认为，对企业的支持主要体现在金融方面。企业带着资金到外面投资，而且我国企业的投资，如高铁，主要在第三世界国家，但是中国的融资渠道不够畅通，竞争力优势不明显，因此国家需要在资金量和融资成本方面给予支持。

企业走出去后，贺一诚说，要理顺、遵守当地法律，对投资国家的法律和相关项目的法律要有所了解。因为法律体系及环境不一样，不能再用中国的那一套，否则容易被人抓住把柄，陷入诉讼当中。他说，阿里巴巴在美国上市之后遭遇诉讼，有一方面的原因是因为了解当地法律深度不够。在这一方面，他认为政府可以搭建一个平台，帮助企业了解这些国家的相关法律。

（本文发表于《法制日报》2015 年 3 月 14 日、2015 年 3 月 17 日）

13.

林笑云：澳门首位华人律师的中国情怀

| 人物简介 |

　　林笑云　女，1949 年生，1993 年毕业于澳门大学法学院，现为澳门特区全国人大代表、全国人大常委会澳门基本法委员会委员、澳门力图律师事务所合伙人、执业律师、私人公证员。她还是澳门首位华人律师、首位懂得中葡双语的执业大律师、澳门本土培养的第一届法学毕业生、澳门特别行政区筹备委员会成员之一。

　　澳门首位华人律师、首位懂得中葡双语的执业大律师、澳门本土培养的第一届法学毕业生、澳门特别行政区筹备委员会成员之一，这些经历让全国人大代表、全国人大常委会澳门基本法委员会委员、澳门力图律师事务所合伙人林笑云显得特别突出，一下子就引起了记者的注意。

　　温文尔雅、平易近人，是林笑云给记者的第一印象。

　　第一次见到林笑云，正逢她被一群记者围堵。满头白发，戴着眼镜，含着微笑，耐心地解答记者们抛出的各种问题……尽管之前在网络上搜过她的照片，但眼前见到的仍与记者心中想象的精明、干练的女律师形象相差甚远。

2015 年两会期间，与林笑云的合影。

与林笑云的访谈，更是在谈笑风生中度过，不知不觉一个小时已经过去。如果不是因为已是晚上 8 点多，而且还有一个媒体等着采访，相信与她的交流还能更深入些。

"我一直觉得我是中国人"

"香蕉人"是用来形容虽然是黄皮肤，但骨子里都是西方思想的东方人。尽管从小在葡萄牙长大，但是林笑云骨子里却是一个中国人。自 10 岁那年随父母迁居到葡萄牙，一直到 1976 年离开葡萄牙到澳门，林笑云已经 28 岁了。

"我一直觉得我是中国人"。尽管在葡萄牙长大，但林笑云却一直没有离开中国文化的教育。这得归功于林笑云的父亲。"我们是中国人，将来一定要回到中国"，这是林笑云的父亲经常挂在嘴边的一句话。当时，林笑云一家居住在葡萄牙亚速尔群岛，也是当地的第一家华人。林笑云的父亲原本想找中文学校让孩子们受教育，但很可惜根本没有中文学校。为了不让孩子们忘了中国文化，林笑云的父亲通过各种途径找来中文书籍让孩子们阅读，而这种习惯一直持续到林笑云中学阶段。

更令人吃惊的是，为了不让孩子们忘本，林笑云的父亲几乎不让孩子们参与当地的任何社会活动。林笑云说，当时学校离家很近，父亲接送我们上下学，除了学校，基本都在家里。也正是因为这样，林笑云说，"我一直觉得我是中国人"。

因为母亲去世得早，为了照顾年幼的弟弟，林笑云一直没有机会回国。直到弟弟成人后，1976年，林笑云才有机会离开葡萄牙。原本想回中国大陆，但因为当时的条件还不允许，而林笑云的哥哥当时在澳门工作，所以就来到了澳门。

一到澳门，林笑云说，就喜欢上了澳门，感觉有一种归属感。因此，也就决定在澳门找工作定居下来。"现在看来，当时回国的决定，是一个非常正确的选择"。

46 岁成为澳门首位华人大律师

虽然现在从事律师职业，但是林笑云一开始并不是学习法律，而是一名测量师。在林笑云的职业生涯中，有三次转折点：第一个是在读大学时，林笑云原本读的是医学专业，但因为母亲患重病去世，为了照顾父亲及年幼的弟弟而不得不辍学；第二个是在澳门商业学校任教时，利用业余时间学习测量工程，之后进入澳门工务局工作，参与澳门地图的制作；第三个则是1987年4月13日，中葡签订联合声明，确定澳门于1999年

12月20日回归祖国。澳门政府于1988年开办法律与公共行政课程。40岁的林笑云在上司鼓励下报读了澳门大学法学院的第一届法律课程。

"当时我已经是两个孩子的母亲，而之所以会报名在澳门大学读法律，还得感谢当时的上司，是他的鼓励和支持，我才能完成法律课程的学习"，林笑云说。当时，林笑云的上司是安哥拉人，安哥拉脱离葡萄牙的殖民统治独立后曾经急需大批的法律人才。因为看到了这一点，林笑云的上司十分鼓励林笑云去报读法律课程。

因为之前一直学的是理科，林笑云很担忧不能坚持下来，而且还有两个孩子要照顾。但是经过上司的反复鼓励，林笑云才决定试试看。

之前，澳门的律师都必须到葡萄牙修读法律。但1987年澳门进入过渡期后，本地法律人才匮乏，为此，1989年澳门大学开始招收第一届法学院学生。林笑云说，当时上课的老师都是非常资深的教授或律师，学习的课程也非常紧张。"因为理科出身，许多葡语单独看都明白，但组在一起的法律条文和材料就一头雾水"，林笑云笑着说道。

这第一届法学院学生一共招了75名学生，但5年下来，毕业的只有9名学生，而林笑云是其中之一。许多人在5年的学习过程中无法坚持下来，或者退学，或者被淘汰。

"我这里还有一张珍贵的照片，是1989年我们这一届学生的合影，前不久我同学发给我的"，林笑云兴奋地向记者展示这张照片。

而这9名毕业生也就成了澳门本土培养的第一批法律人才，经过一年半的实习、考试之后，46岁的林笑云正式成为了澳门首位华人大律师。在澳门人心目中，这位温和谦恭、精明干练的大律师逐渐占据了十分重要的位置。

"有没有想过自己会成为澳门首位华人大律师？"记者问道。

"没有想过。现在看来，当时学法律是一个英明的决定。"林笑云答道。

"参与筹备的每一件事情都是难忘的"

1998 年，澳门特别行政区筹备委员会正式成立，林笑云以执业大律师的身份，成为筹委会 60 位成员之一，参与政务小组和法律小组的工作。在法律小组的 9 位成员中，她是少数熟谙中葡双语的人士。

回想起这段经历，林笑云感慨地说到，参与筹备的每一件事情都令她难忘。这是一个非常难得的机会，她感到十分幸运，能够参与澳门回归的整个过程，能够和许多法律名家一起探讨澳门回归的问题，是百年不遇的一个机会。

筹委会的工作大概经历了一年多的时间。"任务很重，工作也很紧张"，需要对澳门当时的问题、争议、矛盾进行分析、探讨。

如今，澳门已经回归 15 周年。1999 年 12 月 20 日，《中华人民共和国澳门特别行政区基本法》（以下简称《基本法》）成为澳门特别行政区的宪制性法律文件。这部《基本法》确立了澳门特别行政区的政治体制，澳门特别行政区的司法制度也相应建立。2014 年 10 月 15 日，澳门特别行政区行政长官崔世安在出席"2014—2015 司法年度开幕典礼"时指出，澳门"已建成符合本地实践的特区司法体系"。澳门司法制度也在不断改革、发展与完善中日趋成熟。

法治思维要从幼儿园开始培养

党的十八届四中全会提出"依法治国"，而今年李克强总理的政府工作报告也提到了"全面推进依法治国"，对此，林笑云表示非常兴奋，也非常受鼓舞。

她说，2014 年 11 月召开的党的十八届三中全会审议通过的《关于全面深化改革的若干重大问题的决定》，其中关于司法体制方面的改革提出了多项前所未有的新举措，尤其是习近平总书记在多个场合强调要"让人民群众在每一个司法案件中都感受到公平正义"，使法律界人士深受鼓舞。

但是，中国由于历史和文化的原因，在人们的思维当中欠缺法治思维，因此，林笑云认为，要最终达到依法治国的效果，最重要的是培养人们的法治思维。而法治思维的培养，不是简单地立几部法律，而是要遵法守法，要从小学，甚至幼儿园的时候就开始培养教育，提高每个人的法律意识，按规矩办事，有问题找法律解决。这可能需要几十年的时间和过程。

如何建设公平高效权威的社会主义司法制度？林笑云认为，首先要将司法改革的重心放在确保法院依法独立行使审判权上；要提高司法人员的法治观念和职业素养；要建立一支高质量的律师队伍；要从法制上设定违背法律规定的罚则，人民养成遵守法律的意识。

"依法治国，是中央政府非常英明的决定"，林笑云强调。

（本文发表于《法制日报》2015 年 3 月 10 日）

14.

谢启大：十年教师　十年法官
　　　　十年政治　十年两岸

| 人物简介 |

　　谢启大　女，1949 年生，毕业于台湾大学法律系。目前在大陆、台湾两地担任律师、仲裁员，帮助台商解决法律疑难问题。其大陆出生、台湾长大。30 岁通过"台湾司法官考试"，担任"台湾地方法院""高等法院"法官十一年并被台湾媒体誉为"司法女蓝波"（蓝波是美国影星史泰龙塑造的孤胆英雄形象）；因为她长期关注弱势群体与青少年，在台湾政坛有"谢妈妈"之称。其 60 岁通过大陆司法考试，取得大陆律师资格。

　　在我国台湾法律界，没有人不知道谢启大。2015 年年底，记者有幸在一次学术会议上结识谢启大，并对她进行了专访。尽管谢启大已经 66 岁，但记者感受到的却是活力与追求。

　　谢启大把自己的人生前半段经历概括为："十年教师、十年法官、十年政治、十年两岸"。至于她下一个十年会做什么？她说："交给上帝决定吧！"

"乍一看'谢启大'这个名字，还以为是个男儿身。"谢启大说，"我是启字辈，父亲以'中正大刚'为我们前面几个兄弟姐妹命名，我正好轮到'大'字。"对于这个颇为大气的名字，谢启大表示："我年轻时功课、表现都很平常，这个名字就显得有点'太突出'。后来当了法官，再进入政坛，战战兢兢不敢有辱工作，才逐渐体会到这个名字的深意。"

偶然与法律结缘

谢启大为什么会选择法律这个专业？她认为："应该是上天的安排吧！因为我之前对法律一无所知。"她从师范学校毕业后担任小学老师，并想继续进修教育或国文等学科。就在报考大学院系的前一天，无意间与一个法律系学生聊天时得知：法律居然不是死背条文，而是针对每一个案例作分析判断。"这种活用的学科立即吸引打动我"。仅凭着对法律这一点粗浅的认识，她毅然决定改变想法，第二天直接报考法律系。

当真正学习法律各学科时，谢启大有着如鱼得水的感觉；尤其是大部分同学头痛的案例分析题，她不但一直能取得高分，并且常常与老师有不同的看法及见解，她总自信地认定自己的见解可能更合情合理。大学三年级时，有一次刑法学老师告诉她："你的解答与判例不一样喔！"（台湾地区"最高法院"的判决，被民刑庭总会选为判例后，提供作为下级法院对类似案件判决的参考；没有法律拘束力，但有实质影响力)，她立即果断地回答老师："那是判例有错误！"几年后，台湾地区"最高法院"第一次召开判例变更会议，公布变更的判例内容居然与她当年坚持的主张完全一样。这件事令她更确信："法律是活的，必须随着案情与时间改变；不可以死抱着法条、判例不知变通。"

平凡人做不平凡事

谢启大对记者说："我是一个非常平凡的人，从未立志要做大事、当大官。如果我还有一点点长处：就是做事执着，个性坚韧不拔；认定目标绝不放弃，一定要完成才罢手。可能因此，上天才会安排我这样一个平凡的人去完成一些事吧！"

1992 年，李登辉在位逐渐显露"皇民化台独"本色，有大中国情怀的谢启大毅然辞去法官职位，在高新武检察官带领下参选民意代表踏入政坛与这股势力对抗。

2000 年台湾地区领导人选举中，她主动出面帮助被李登辉构陷的宋楚瑜，为他调查"兴票案"澄清事实，挽回宋楚瑜的选举颓势。同年底，李登辉帮助民进党陈水扁成功胜选，国民党丢失政权。当晚，谢启大发动支持国民党群众包围官邸，炮轰李登辉下台，迫使李登辉六天六夜后"突然"辞党主席下台。

在台湾地区立法机构 9 年，谢启大抓住每一刻时间，动用所有司法与法律界朋友及资源，协助清理积压在立法机构多年、攸关人民权益的重大法案；她更站在人民立场提出新草案版本与行政机关版本一并讨论。几年间成功推动完成数十部重大法案的立法，较著名的有：行政四法（诉愿法、行政诉讼法、行政法院组织法、行政程序法）、军刑法（陆海空军刑法、军事审判法）、少年犯罪防治法律（少年事件处理法、少年矫治学校条例）及许多弱势群体保护法律，如犯罪被害人保护法、工人职灾防护法、男女工作平等法、儿童及少年性交易防制条例等。谢启大说："这 9 年极度辛苦，但是值得！"

谢启大深知司法工作的繁重与辛苦，她在台湾地区立法机构主动为法官、检察官增设法官助理、检察事务官；并与多名曾经坐过政治狱的民意代表推动完成狱政改革。她立法创设第一个少年法院（现已提升为少年及家事法院），并协助近 300 名法官完成储备培训。她更将少年监狱与一所少年感化院提升改制为真正的"矫治学校"。她也因此有"谢妈妈"之称。15 年后，她重返该校探视，获知离校学生大多已能正常回归社会，再犯罪率大幅下降。

谨慎处理每个案件

谢启大一再强调："全世界只有三种职业其工作者的座椅后面会竖立一面国旗：国家元首、驻外使节与法官，因为他们的工作代表国家。"因此当年的谢法官秉持着这个信念，谨慎、小心地审理每一个案件。她以"身在公门好修行"的信念，处处帮助案件当事人。又坚持"案件当事人与他的家庭，一生可能只有这一次与司法接触的机会，法官的作为影响着他们对国家、对司法的认识与信任"，因此她绝不敢大意，更不会将案件作为人情"出卖"。

她记得初任法官第一年，承办第一件政府机关与人民间的民事案件时，院长指示她："公务机关不能败诉，因为赔偿金是国家承担。"她回答院长："公务机关有错就必须败诉，才能让政府机关修正错误的行为。"她的判决最终也获得上级支持。这个经验促使她日后在台湾地区立法机构坚定地排除行政机关重重阻力完成行政法的立法。

谢启大在台湾地区立法机构时，很多司法冤案的陈情涌进她的办公室，她认为最具代表性的案件是"拉法叶购舰疑案"。经过与李登辉及台湾检察总长八十三天斗法，最后由看守所救出"二代舰之父"雷学明将军。事后，雷将军又经过十年的司法调查审理，最终一审判决"无罪"，因台湾检察总长黄世铭不上诉而定谳，过程跌宕起伏。她强调，当时的法务事务主管部门负责人陈定南先生（民进党籍）、雷家姐弟、许多好的司法官及台湾各界精英都在此案中作出极大贡献。

通过大陆司法考试

2008 年，大陆第一次开放台湾居民参加大陆司法考试。已 60 岁的谢启大立即反问自己："敢接受这个挑战吗？"毕竟她在台湾已有极高的资历，并且考试失利的概率极大。但是，她一向要求自己："可以失败，但不能因为害怕失败而退缩。"同时她又提到：每次与大陆司法人员讨论法律问题，双方争论不下时，对方总会以"你不了解中国司法"回应。于是，她下定决心接受考验。事后她说："我真的非常幸运能一举过关。司法部还告诉我，计算机公布达标分数名单时，第一个就跳出我的名字，所以我才取得编号第一号证书。"

当央视为此事专访她，问道："大陆司法考试很容易吗？"她回答："如果让一位学有专精的教授来参加庞杂琐碎的高考，他会有什么感觉？我就是这种感觉！"她又被问道："你取得大陆律师资格，是准备在大陆开设律师事务所赚大钱吗？"她换个角度回答："30 年前我就取得台湾律师资格。七八年前离开立法机构时，我当时的知名度及影响力已足以让我在台湾开律所赚大钱。当时我没有做这样的选择，现在应该不会为这个目的而参加大陆司法考试吧！"

谢启大还是习惯以法官思维及作风处理法律案件，所以她喜欢以仲裁方式参与案件，更乐意将自己的人生经验与年轻人分享。她接受许多仲裁委员会聘请担任仲裁员；很多台商看到仲裁员名单上有她的名字，往往就会选择她。因此她在大陆参与仲裁过许多案件，也被贸仲上海分会（现为上海国际仲裁协会）指定作为第一个非本地籍的首席仲裁员。而当她以律师身份接受委任办理案件时，她会坚持只为有理的当事人争取合法、合理的权益。她还经常受邀到大陆各大学为大学生演讲，除了普法，她更介绍学生正确认识两岸问题，并引导大学生认识、学习国学。

最后，谢启大语重心长地说："两岸的未来是我永远关注的重心与使命。法律是帮助两岸更好走在一起的必要环节。我的前半生已经值回票价，后半生能够再发挥余热，我已心满意足！"

没有一个案件当事人不服

谢启大在台湾当了 10 年法官，但是至今没有一个案件是当事人不服的。她说，对于每一个案件的处理，她都要处理得"漂漂亮亮"，即使 20 年过后，当事人依然会找她协商，包括那些被判败诉的人。在当了 9 年地方法院的法官后，谢启大决定参选当地的民意代表，这需要当地百姓投票。由于没有政治背景，加上当法官必然会得罪人，所以当时没有人认为她会成功。但是，奇迹发生了！"我走在马路上，有个当事人碰到我，说我就是那个被你判刑 8 个月的人。我说你变乖了没有，他说有，并谢谢我对他的管教。还有一些被我判刑的少年犯，有的会帮我发传单，有的电话给我希望来帮我的忙。"

谢启大说，"即使被我判刑 10 年的少年犯，他还是很感谢我，因为他们觉得我比较正直，办案公平。我认为法官判案，一定要让公平、正义看得见"。对于少年犯的管判，谢启大做了一个比喻，"我们可以把所有的细菌控制在一个范围内，如果想控制成无菌是不可能的，因此我的方式是不去排斥所有的坏人，而是要让所谓坏人有变好的可能性"。在少年监狱里，"我们设立了一个学校，这个学校不是否定原有的恶，而是对少年犯而言，你今天面对社会可以做什么样的选择"。作为一名法官，要了解不同阶层的生活，不能用自己的价值观去评判另一个阶层的生活和行为。

所有谢启大判过的少年犯，都亲切地称呼她"谢妈妈"，原因是谢启大会用一个妈妈的心来看待这些少年犯。谢启大本身是 3 个孩子的母亲，当她跟这些少年犯真切交流的时候，这些少年犯都愿意跟谢妈妈吐露心里真实的想法。谢启大曾经问过一个屡次犯罪的少年犯，为什么犯罪？这名少年犯直言，"我也不知道。我爸爸是流氓，叔叔伯伯是流氓，在我家进进出出的人都是流氓，所以对我来说那就是我的生活方式。我从来不知道还有另外一个世界"。谢启大说，犯罪对这个孩子来说，不是犯罪，而是他的一个生活模式。作为一名法官，要有这样的思维，了解这些孩子的生活轨迹和模式，当他偏离轨道时把他拉上这个轨道，而不是一味地否定，这样对这些孩子是不公平的。

谢启大说，作为一名法官，要让老百姓感受到公平、正义。有的老百姓这辈子可能就进法院一次，这个案子很可能影响了一个家庭。在他进入法院后，法院如何让他感受公平，让他觉得国家是可以信赖的，国家的制度应该是被遵守的，这非常重要。

（本文发表于《法制日报》2015 年 12 月 29 日。徐燕子、李彤辉对本文有贡献）

15.

曹万泰：国家是香港的坚强后盾

| 人物简介 |

　　曹万泰　男，1953 年生，1975 年毕业于香港大学，随后进入香港政府工作，历任多个职位，其后再取得城市规划研究社会科学硕士学位，亦曾到清华大学、哈佛商学院和牛津大学接受培训。1998 年，出任中央政策组副首席顾问。2001 年调任香港规划地政局副局长。2006 年至 2012 年出任香港特别行政区驻京办主任。

　　2011 年是国家"十二五"规划的开局之年，同时也是香港回归迈入第 15 个年头。在"十二五"规划中，首次专章列出"保持香港澳门长期繁荣稳定"，足见国家对香港的重视以及香港在国家发展建设中的重要作用。在此，作为"桥梁"的驻京办主任曹万泰接受《法制日报》专访，表示香港一定会配合国家的发展，为国家做更大的贡献。

　　2011 年 8 月 9 日，记者如约来到了香港特别行政区政府驻北京办事处（简称"香港驻京办"），采访了香港驻京办主任曹万泰。香港驻京办坐落于北京地安门西大街，东侧毗邻什刹海，南望北海公园，中华人民共和国国旗及香港特别行政区区旗迎风飘扬在空中。

"另类"的驻京办

香港驻京办成立于 1999 年 3 月 4 日，是根据《中华人民共和国香港特别行政区基本法》第 22 条成立的。1997 年香港回归，在经过近两年的筹备后，香港驻京办终于成立。如今香港驻京办已经成立 12 年了，曹万泰主任形容"香港驻京办是连接香港与中央及内地其他部门的桥梁"。

说起"桥梁作用"的驻京办，曹主任还笑言："香港驻京办是个'另类'的驻京办"。它与其他地方的驻京办不同，没有宾馆，没有餐厅，接待能力很弱，甚至也只配有一辆车，主要为驻京办的工作人员服务。

香港驻京办主要有五大职能。首先是作为中央政府和特区政府的桥梁。香港回归之后，虽然实行"一国两制"，"港人治港"，但我们需要和中央政府保持紧密的沟通。因此，驻京办经常"跑部"，而且范围非常广泛，主要有国务院港澳办，食品安全和卫生领域的农业部、卫生部、国家质检总局，发改委，金融系统的财政部、中国人民银行、证监会、银监会、保监会。前一段时间香港律政司来内地访问时，驻京办还与司法部、最高人民法院、最高人民检察院沟通。

第二，驻京办要向内地宣传香港，让那些还没有机会到香港的老百姓了解香港。为此，驻京办在不同的地方、不同的城市举办展览会或研讨会，并且通过传媒的宣传把香港介绍给不同地方。

第三，推广经贸。香港对外开放已经超过 100 多年，作为一个亚洲的国际都会，和国际接轨是非常有经验的，香港可以协助内地的企业走出去。香港又是一个成熟的金融中心，在香港进行融资是一个很好的渠道，现在很大一部分的内地省份的外资都是来自香港。另外，驻京办也希望在内地找到一些商机，提供给香港投资者。

为此，驻京办内设"投资推广小组"，由专业人员组成，和内地不同的行业进行沟通，介绍香港在哪些方面可以协助他们走出去和国际接轨；同时也希望吸引他们到香港开设办事处。在经贸方面，只有一个办事处是远远不够的，所以 2002 年，在广州设立了驻粤经贸办事处，2006 年，在上海和成都又开设了两个经贸办事处。

第四，提供签证服务。目前还有四十多个国家的国民到香港需要先拿到签证，他们在自己的国家可以到中国大使馆申请去香港的签证。如果他们已经在中国，可以到香港驻京办申请签证。内地的官员要出访香港，在得到中央批准的情况下，还需要申请签注，这也是由香港驻京办负责的。

第五，为在内地的港人提供协助。如果他们在内地受伤，驻京办会在第一时间派人去当地协助受伤的港人得到医疗服务；如果这些受伤的港人希望回香港，驻京办也会协助他们。如果有港人在内地不幸死亡，他们遗体运回香港的工作也是由香港驻京办处理。

每年驻京办都会收到许多求助的案例，仅在 2010 年就收到了 250 宗求助个案。2010 年玉树地震后，香港人黄福荣在做义工的过程中不幸牺牲。他的家人事发后希望到现场，驻京办马上安排车辆送他们过去。在 2009 年的甲流疫情中，很多香港人在内地旅游时因为发烧被隔离，驻京办也向他们提供协助。

网上公布了 24 小时求助热线和电话号码，求助人可以直接联系。另外，各地的公安部门在遇到香港人需要协助时，会第一时间通知国务院港澳办，国务院港澳办会再通知驻京办。

回归见证中国快速发展

香港回归中国迄今为止已经整整 14 年（2011 年），驻京办也已运作 12 年了。作为驻京办主任，曹万泰坦言："每天都要面对不同的困难和挑战。"在曹万泰看来，内地和香港不同的工作方式是最大的难题。

曹万泰说，香港曾经是殖民地，在过去一百多年更接近西方的文化，香港独特的文化和内地是有一定区别的。在"一国两制"的框架下，香港与内地实行不同的政治体制以及不同的立法体系，因此在具体事务的协调过程中，双方有时不是很能理解对方的一些做法。比如，香港部门有时不能理解内地部门因为一些客观的原因而改变原有议定的会议日程，而内地许多部门也不能理解为什么香港所有的事情都要由立法会决定。因此，驻京办就要尽自己所能，让双方都明白对方不同的体制和工作习惯。

12 年来，香港驻京办从无到有，一步一步地推动两地的沟通交流。曹万泰说，驻京办基本上每天都会把国内的新政策、新发展汇报给特区政府。不仅民间的交流交往越来越密切，许多香港人到内地工作、生活、旅游求学，而且，中央政府和特区政府的联系和合作在十多年来也越来越密切。

2011 年是"十二五"规划开局之年，香港政府在参与制定"十二五"规划的过程中付出了很大努力，希望可以更大程度地参与国家的发展，同时也希望在"十二五"规划中能起到协助国家发展的作用。在过去几年里，驻京办经常联系发改委和其他相关部委，表达香港的看法。这次"十二五"规划中专章列出了港澳地区，这还是第一次。

作为一名香港人，曹万泰不无感慨地说："回归对香港来说，是一个很好的机遇。香港曾经是一个殖民地，现在有自己的国家，有国家的概念，这是非常重要的。这十多年里，我们也非常幸运地见证到了国家的高速发展，现在国家已经是世界上一个非常有实力的大国，作为中国人，我们感到非常骄傲。"

没有中央的支持就没有香港现在的发展

在"十二五"开局之年，曹万泰表示，希望香港能够配合国家的发展，为国家做更大的贡献。

面对最近波涛汹涌的美国国债危机，香港财政司司长曾俊华表态要大家对香港有信心，要从"危中找机"。曹万泰表示，目前最大的工作是要稳定人心，要把财政司司长的发言推而广之，香港的金融体制是非常稳定的。曹万泰说，2008 年至 2009 年的金融海啸对香港的影响就很小。虽然短期的波动肯定会发生，但回顾过去，在 2008 年至 2009 年，香港的银行没有一家出现了问题，虽然这次的风暴会持续多长时间还不得而知，但香港有信心安全度过。而且，香港没有外债，特区政府的外汇储备也很充实，失业率还不到百分之四，所以，目前香港的经济状况是很良好的。

在过去的十多年里，曹万泰说，香港特区政府和香港同胞非常感谢中央和全国给予的支持，没有这种支持，香港不可能有现在的成就，这是每个香港人都有的感受。在亚洲金融风暴、非典、甲流等非常时期，香港无一例外都得到了中央的支持。没有国家作为香港的后盾，香港根本不可能有现在的发展。香港是国家的一分子，根本上是不能分开的。

"一国两制"的安排是非常英明的安排。如果香港和全国其他地方是一样的制度，就不会有特殊的功能为国家的发展提供协助。香港过去几十年的努力也是有目共睹的，在现代服务业、金融业、物流业方面及行政管理方面都为国家带来了不小的改变。曹万泰表示，香港在今后如何为国家作出贡献，一方面要看香港人的努力；另一方面要看国家下一步的发展路线。曹万泰满怀信心地说："香港一定会配合国家的发展。"

　　因此，在未来，曹万泰介绍，香港首先要落实"十二五"规划；第二，香港会继续保持两地的经贸交流；第三，在文化上加强交流。前不久，香港得到国家的支持，成立了国家级的地质公园，下一步香港准备申请成为世界级的地质公园。在学术交流上，驻京办也做了很大的努力，不断邀请内地的专家到香港做客座教授；内地不少高考状元到香港高校就读，这是一个互利的事情，一方面香港得到了优秀的人才，另一方面香港为内地学生提供了培训的平台。

　　（本文发表于《法制日报》2011 年 8 月 16 日。郭文青对本文有贡献）

第二部分　外国人物访谈录

1.

约翰·休曼：中国已完全融入世贸组织规则

| 人物简介 |

　　约翰·休曼　1997—2001 年，为南非贸易救济部主任。2001 年 7 月加入 WTO 秘书处。2008 年 8 月，被任命为 WTO 规则司司长，主要职责是负责 WTO 一系列协议的实施，为发展中国家在贸易救济协定的执行中提供建议和咨询，同时他也在反倾销案件中协助争端解决机构的工作。

　　2001 年 12 月 11 日，中国正式加入世界贸易组织（WTO）。2011 年迎来中国加入 WTO 整整十周年。在西安交通大学举办的"中国入世十年 WTO 法国际研讨班与圆桌讨论会"上，记者采访了 WTO 规则司司长约翰·休曼。休曼认为，中国入世十年取得了巨大的成就。目前，中国已完全融入 WTO 规则系统。

　　休曼一直对中国比较熟悉，也很友好，这得益于他在 WTO 中一个重要工作就是为发展中国家在执行 WTO 规则时提供建议和咨询。这已经是他第三次访问中国了。他对中国在这几年来的改变，印象非常深刻。过去十年，在休曼的眼里，不仅仅对中国很重要，对世界上其他国家也很重要。

中国是一个积极的参加者

　　2001 年 7 月，休曼加入 WTO 后不久，中国就正式加入了 WTO。由于休曼的一个重要工作是协助发展中国家，因此在某种程度上，也可以说他见证了中国在加入 WTO 后的成长经历。经过十年，中国已经融入 WTO 的游戏规则中。约翰·休曼说："根据我的观察和了解，中国已经能够熟悉掌握 WTO 规则，能够利用 WTO 的争端解决机制参与及提起诉讼。"中国是 WTO 争端解决机制最大的使用者。休曼说，中国在加入 WTO 后的初期，表现得相对谨慎，这也是中国的学习阶段。之后，他发现，中国很善于学习，很快就有效地掌握了 WTO 的相关规则。现在，中国团队已经具备了处理 WTO 争端的能力，并且表现得相当专业。不但参与了 WTO 的规则活动，而且还是个积极的参加者；不但已经完全融入 WTO 这个规则系统，有能力与其他国家协商，而且还是一个强有力的领导者。

　　在过去的几年当中，中国虽然是被提起反倾销、反补贴调查的主要国家，但是中国也是提起双反调查的主要国家之一。在休曼的眼里，这些都是正常的现象，因为中国在过去十年的发展非常快，因此遭遇比较多的双反调查也是正常的。

　　但是，休曼表示，这些都只是暂时现象。随着时间的推移，对中国的反倾销调查和反补贴调查将会下降。其他国家在加入 WTO 之后，也都曾经遭遇类似的情况，比如日本。日本在 20 世纪六七十年代作为主要出口国时也遭遇许多双反调查，但这些都是暂时的，并不是长期的。而且，应该注意到，在中国加入 WTO 时，只有一个国家援引 WTO 协议的第 XIII 条款，表明 WTO 协议条款对这个国家并不适用；只有 7 个

WTO 成员方要求继续在一段时间里保留从中国进口的某些限额。相反，日本 1955 年加入 WTO 时，共有 48 个国家援引 GATT 的第 XXXV 条款（等同于 WTO 协议的第 XIII 条款），表明日本与该国之间并不存在 WTO 协议。虽然 1955 年的世界经济形势跟现在大有不同，但是这一反差表明，大部分 WTO 成员方肯定了中国在现代多边贸易体系中所应具有的重要作用。

承认完全市场经济地位还有赖于谈判

中国是否具备完全市场经济地位一直是中国与西方国家争议的焦点问题之一，也被认为是中国遭遇如此多反倾销、反补贴调查的原因之一。

休曼说，决定一个国家的产品是否存在倾销，要看产品的价格是否真正地反映了产品的成本，与是否具备完全市场经济地位并无直接的关系。根据 2001 年中国签订的 WTO 协议，中国将在 2016 年自动取得完全市场经济地位。面对过去十年来中国经济的快速发展，休曼也认为应该作些相应的调整，但这需要中国与其他国家进行协商，比如与欧盟、美国等国家的协商，让他们承认中国的完全市场经济地位。除此之外，中国的企业也可以向欧盟申请其具备完全市场经济地位，只要其符合了欧盟所列的一些条件，那么欧盟就可以承认该公司具备完全市场经济地位。

如此一来，中国是否具备完全市场经济地位将依赖于中国与其他国家的协商，这将意味着，在某种程度上，中国是否具备完全市场经济地位与政治因素有关。约翰·休曼对此并不完全认同，但是，来自瑞士伯尔尼大学世界贸易研究所所长托马·科捷并不这样认为。现在，全世界正面临着经济危机，欧盟及美国等国家尚未从经济危机中解脱，而中国的经济却快速发展，欧盟等西方国家需要中国的帮助，因此中国目前正处于比较有利的谈判地位。科捷表示，中国应该利用现有的优势，加强谈判的力量，掌握谈判主动权，争取西方国家早日承认中国的完全市场经济地位。

加入 WTO 只是一个开始

只要国家间的贸易存在，就会存在摩擦，这是一种正常现象。休曼说，中国与其他国家之间存在摩擦，其他国家之间也同样存在。重要的不是存在摩擦和争议，而是如何去解决摩擦，而 WTO 正好提供了这样一个平台。

过去十年，中国经济取得了快速的发展。休曼表示："中国入世这十年不但改变了中国，而且改变了世界。中国在过去十年里取得了巨大的发展。中国加入世贸组织不到十年的时间发展成了世界第二大贸易国、第一出口大国。现在的出口量是 2001 年的 6 倍，占世界出口总量份额翻倍。而进口量也飞速增长，从世界第六大进口国变成世界第二大进口国。经济总量跃居世界第二。而且，在过去的十年里，中国吸引外资在发展中国家中是最多的，并且超过大部分发达国家。中国已经不再是 2001 年时的中国了。"国内生产总值增长 3 倍多，中国人民收入显著提高，两亿多人摆脱了贫困。同时，在这个过程中，中国也已融入 WTO 的规则体系当中。但是，休曼认为这才只是一个开始。中国应该继续不断地学习和进步，这是一个长期的过程，没有人可以说自己已经懂得了很多，了解了一切。休曼建议，建立相应的机构，学习、了解 WTO 的规则非常重要。如何让企业了解 WTO 规则，不但是发达国家碰到的问题，也是发展中国家碰到的一个主要问题，而且更加突出。人才的培养至关重要。

休曼表示，尽管在中国加入 WTO 之初，有许多人表示了担忧，但在短短的十年之后，实践证明，这种担忧是多余的，中国加入 WTO 带来了许多重要的并且看得见的利益。未来，对于中国和世界上的其他国家而言，如何巩固这个新的国际贸易体系、加强各国的建设性合作，将对中国未来的第二个成功的十年以及全球贸易体系至关重要。

（本文发表于《法制日报》2011 年 12 月 6 日）

2.

克劳福德：70岁当国际法院法官

　　他，是联合国国际法院的一名大法官，2015 年 2 月 6 日正式加入国际法院。

　　他，是世界顶尖的国际法权威学者，其专著是国际法教学中的经典教材。

　　他还是中国西安交通大学长江学者讲座教授，曾受聘西安交大丝绸之路国际法与比较法研究所名誉所长。

　　他就是杰姆斯·克劳福德教授。

　　2015 年 5 月，克劳福德在西安交大讲座期间，接受了记者的专访。

从教 40 年改任大法官

克劳福德生于 1948 年，虽已年近 70 岁，但留给记者的印象是精神矍铄，目光炯炯有神。在接受记者采访时，他已经于当天上下午都做了讲座，而且前一天中午才经过长途飞行到达西安，但采访时他依然保持着比较亢奋的状态。

2014 年 11 月 6 日，在联合国大会和安理会同时举行的大法官选举中，克劳福德当选国际法院大法官。此次选举共产生了 4 名大法官，任期从 2015 年 2 月 6 日开始。

国际法院根据《国际法院规约》于 1946 年成立，设于荷兰海牙，是联合国的主要机构之一，也是它的首要司法机关，俗称"世界法院"。国际法院由 15 名法官组成，经联合国大会和安理会选举产生，任期 9

2015 年 5 月，在西安交大法学院与克劳福德大法官合影。

年。法官作为国际法院的灵魂，尽管只有 15 个名额，但还得考虑到地区均衡，尤其是照顾到世界各大文化和主要法系。据此原则，目前国际法院的法官分别来自亚洲 3 名(中国、日本、印度)，非洲 3 名(乌干达、索马里、摩洛哥)，拉美 2 名（美国、巴西），西欧、北美、大洋洲 5 名(英国、意大利、法国、牙买加、澳大利亚)，东欧 2 名（斯洛伐克、俄国）。中国籍大法官为薛捍勤。

根据法院规约，法官均为"品格高尚并在各本国具有最高司法职位之任命资格或公认之国际法学家"。事实上，许多法院成员在当选之前曾任职本国外交部的法律顾问、国际法教授、大使或最高法院法官。

克劳福德已经从教 40 年。"我在澳大利亚执教 20 年，在英国执教 20 年，这 40 年的国际法教学经历对我从事法官工作有极大的帮助"。克劳福德说道："在这个年纪被任命为法官，将掀起我人生的新篇章，对我是挑战，也是一件好事。"

在国际法院的官方网站上，记者看到克劳福德于 1974 年在澳大利亚执教，曾任悉尼大学法学院院长，1992 年之后来到英国剑桥大学执教，曾任剑桥大学法学院院长。在此期间，作为国际法的知名学者，克劳福德还担任政府和非政府组织的顾问，并参与了国际法院多起案件的顾问、国际仲裁庭的顾问及一些案件的法官或仲裁员，还为多起案件提供专家证言。

同时，克劳福德出版近 20 本有关国际法的著作，有些著作还被翻译成多国语言。其中，《布朗利的国际公法原理（第八版）》是法学院的经典教材。据记者了解，这本著作将被译为中文，不久将面世。

法官要公正独立

国际法院是唯一具有一般管辖权的普遍性国际法院。其依据《国际法院规约》和本身的《国际法院规则》运行。法院的管辖权表现在两个方面：一是对当事国一致同意提交国际法院的法律争端，根据《联合国宪章》规定以及有关条约及公约作出判决；二是对联合国大会或安理会及其他机构或专门机构就其工作范围内提出的任何法律问题提供咨询意见。目前，共有 193 个国家为《国际法院规约》缔约国，其中 66 个国家（至 2010 年）根据《国际法院规约》第三十六条第二项向秘书长交存了承认法院强制管辖权的声明。

国际法院受理的案件中，半数以上是领土和边界纠纷，同其他法院一样，国际法院奉行不告不理原则，无权主动受理案件。

身为国际法院的大法官，克劳福德认为最重要的是要保持公正和独立。因为拥有澳大利亚国籍，他将不能参与所有关于澳大利亚的案件。由于曾经担任过一些案件的顾问，未来有关这些案件的裁决他也不能参与，以保证公正和独立。同时，他说，法官还必须关切到案件中涉案国家的权利、特定的现实以及文化、传统等。

国际法发展面临挑战

2015 年是世界反法西斯战争胜利和联合国成立 70 周年。以《联合国宪章》为核心的国际法体系及第二次世界大战后建立起来的战后国际秩序为维护战后世界和平发展发挥着重要的作用。

然而，当前国际法体系面临各种挑战，克劳福德说，比如地区武装冲突、恐怖主义、埃博拉病毒等都挑战着国际法体系，有些时候这些挑战还使国际法显得有些"脆弱"。但是，克劳福德同时表示，有些挑战被夸大了。过去几十年来，国际法仍然发挥着重要的作用，未来也将如此。而当天克劳福德在西安交大的一个有关"当前国际法发展趋势"的讲座上，他还提到，过去国际法的执行问题总是被诟病，但是从现在国际法的发展趋势来看，国际法的执行力度正在增强。

对于当前中国提出的"一带一路"倡议，克劳福德说，这个倡议看起来非常精彩和有意义。现在许多人都在讨论它，它将不同社会背景的国家和人民联系起来，增强之间的交流，可以为不同的国家提供就业机会。作为一名法官，也许不太适合作过多的评论，不过从一个国际法学者的角度，他说，这一倡议的成功还需要这些国家在国内层面的配合，而且在国际层面上也需要一个框架来管理它。

（本文发表于《法制日报》2015 年 5 月 5 日）

3.

西奥多·梅隆、汉斯-彼得·考尔：二战经历让我对和平有更深刻的理解

| 人物简介 |

西奥多·梅隆法官（Judge Theodor Meron） 国际人道主义法和国际刑法方面的资深专家。2001 年被选为联合国前南国际刑事法庭法官；2003 年、2011 年、2013 年被选为前南国际刑事法庭庭长；2012 年被选为国际刑事法庭余留机制庭长。毕业于耶路撒冷大学、美国哈佛大学和英国剑桥大学。

汉斯-彼得·考尔法官（Judge Hans-Peter Kaul） 2003 年被选为国际刑事法院法官，并且在 2006 年再次当选。1996 年至 2003 年代表德国参与《罗马规约》的谈判。

在 2014 年 3 月 5 日复旦大学举办的"战后亚洲战争罪犯审判与史料整理"国际研讨会上，记者专访了联合国前南国际刑事法庭和国际刑事法庭余留机制庭长西奥多·梅隆法官和国际刑事法院汉斯-彼得·考尔法官。

梅隆法官 1930 年 4 月 28 日出生于波兰，经历过第二次世界大战，

在少年时代曾经进过纳粹劳动营。尽管已经过去近 70 年，但是一提起这段经历，梅隆法官仍显得悲伤和无奈，也不愿意再次提起这段经历。他说，这是一段痛苦的经历，在那场战争中，他失去了 80% 的亲人。

考尔法官比梅隆法官年轻，但也经历了第二次世界大战。他是一名德国人，出生于 1943 年。他的孩提时代伴随着希特勒及其追随者在德国以及欧洲所犯下的罪行所带来的苦难和毁灭。他仍然记得儿时他常常玩耍的一个地方就是邻居那个被炸弹炸毁的房子的废墟。

共同的经历使得这两位老法官对"和平"有着更深刻的理解，也使得他们在日后从事国际刑法研究和在前南国际刑事法庭及国际刑事法院担任法官有更特别的意义。他们均认为，国际刑法特别是国际人道主义法的发展以及相关法院或法庭（如前南国际刑事法庭、卢旺达法庭、国际刑事法庭余留机制庭及国际刑事法院）的设立、运作和完善有助于阻止战争犯罪以及反人类的犯罪，促进世界的和平。也许正因为如此，尽管两位已经是七八十岁的高龄，仍然在国际刑法领域贡献着自己的一份力量。

2014 年 3 月，与西奥多·梅隆法官（右）和汉斯–彼得·考尔法官（左）的合影。

梅隆法官说，虽然前南国际刑事法庭已经基本完成了它的历史使命，不久即将正式关闭，但它20余年的历史留给了我们极其宝贵的财富和遗产。国际刑事法庭余留机制庭将继承前南国际刑事法庭的衣钵，完成它的后续工作，履行它的长期职责，继续为人类和平事业作出贡献。

在梅隆法官眼里，前南国际刑事法庭最大的贡献在于向国际社会显示，无论你是国家的元首还是军队的领袖，只要你犯下了严重违反国际人道主义法的行为，诸如种族灭绝、反人类罪、战争罪等，都将受到国际法庭的追诉。这也开创了由国际法庭审理国内战争罪犯的先例。同时，前南国际刑事法庭在过去20多年的审判实践中创设和发展了一系列实体及程序法规则，包括认定某个罪行（如反人类罪）的原则以及证据规则和被告的权利等。这些都为在20世纪90年代设立的许多其他国际刑事法院和法庭以及不断增加的致力于惩治国际犯罪的国内法庭提供了重要的先例。

梅隆法官说，前南国际刑事法庭已完成对161名个人的审判，目前正在完成剩余的庭审以及上诉，将会关闭，但这不意味着此法庭职责就此结束。还存在其他余留工作，这也就是安理会设立国际刑事法庭余留机制庭的原因。尽管存在一些挑战，如果此余留机制可成功运行，它将为其他法庭提供一个新的更有效的模式。

国际刑事法院是根据1998年通过的《罗马规约》设立的，也是世界上第一个常设国际刑事法院。当前，国际刑事法院有122个成员国。考尔法官是2003年国际刑事法院的第一批法官之一，也是服务于法院的第一个全职法官。考尔法官介绍到，在过去的11年里，国际刑事法院成为全面运行的世界刑事法院以及在国际司法正义领域的领导者。在2012年3月，特别突出的成绩就是在托马斯·卢班加案中作出了第一个终审判决。这是历史上第一次在国际刑法中个人因为雇佣和使用儿童军而被指控为战争犯。但是，在《罗马规约》生效将近 12 年的时候，法院还是持续面临很多困难和挑战。不但法院自身工作面临许多挑战，国际刑法法院系统也存在内在问题。

最后，考尔法官说，中国从二战战后崛起并发展至当前的地位，成为亚洲乃至世界的领先国家，同时作为联合国安全机制的成员之一，他相信中国对国际刑事法院的支持，对于许多发展中国家，尤其是第三世界国家对国际刑事法院的态度会产生积极的影响，同时也可以增进国际和平与正义。

（本文发表于《法制日报》2014 年 3 月 11 日）

4.

彼得·毛雷尔：为世界和平而努力

| 人物简介 |

彼得·毛雷尔 2012 年 7 月 1 日继雅各布·克伦贝格尔后接任红十字国际委员会（ICRC）主席。在伯尔尼学习历史学与国际法，并获得了博士学位。1987 年，进入瑞士外交部门，后来曾在伯尔尼、比勒陀利亚和纽约出任过不同职位。2000年出任瑞士外交部总部人道安全处负责人，并于 2004 年以大使身份赴纽约出任瑞士驻联合国常驻代表。2010 年 1 月，毛雷尔先生被任命为瑞士负责外交事务的国务秘书。

在世界上有战争和冲突的地方，你总能看到这样一群人，他们为在武装冲突中受影响的平民提供人道主义救援，确保平民不受歧视，并确保他们获得医疗服务、安全饮用水和农业用地。他们就是来自红十字国际委员会的工作人员或志愿者。目前，红十字国际委员会在全世界 190个国家拥有 1700 万名志愿者，在旷日持久的冲突和暴力局势中，提供中立、公正和独立的人道主义援助。

2017 年 5 月 14 日，"一带一路"国际合作高峰论坛在北京举行，来自 29 个国家的首脑以及 100 多个国家的各界嘉宾齐聚北京，共同商讨"一带一路"建设合作。在论坛开幕前夕，记者有幸专访了来华访问并将参加"一带一路"国际合作高峰论坛的红十字国际委员会主席彼得·毛雷尔。

这是毛雷尔的第四次访华，他说第一次来到中国是在 1991 年，至今已有 26 年了。尽管距离第一次访华已有 26 年的时间，但是毛雷尔对第一次来到北京时的场景仍然记忆犹新。他说他还记得第一次来时北京的道路和房子，世界上许多来到中国的人都会觉得中国在过去二三十年发生了翻天覆地的变化，"确实如此"，他说，"中国整个面貌都发生了巨大的改变。当我们谈论联合国千年发展目标的时候，你会发现这个千年发展目标部分已经实现了，而这主要是因为中国取得了千年经济发展的目标"。

2017 年 5 月，毛雷尔在北京接受采访。

"一带一路"理念与 ICRC 一致

每一次访华，对毛雷尔来说都是一次特别的经历，而这次访华则更为不同，因为这次他主要是要参加"一带一路"国际合作高峰论坛。"'一带一路'是中国政府提出的非常重要的一个倡议，我非常认同习近平主席提出的'一带一路'的概念、愿景以及'一带一路'背后所蕴涵的理念"。

在毛雷尔看来，"一带一路"的许多概念和视角与 ICRC 的职责和活动有很高的契合度。这也是为什么他这次非常渴望能够参与这次论坛，并与其他成员交换意见。毛雷尔说，尽管"一带一路"的核心是经济发展和社会发展，但这与人道主义也有紧密联系。因为任何经济发展，都离不开一个安全稳定的环境。一方面，经济的发展可以促进社会稳定、和平与安全；另一方面，一个安全稳定的社会环境也能促进经济的发展。毛雷尔说，"一带一路"有着文明社会的维度，人与人的维度，而《日内瓦公约》已有 194 个国家批准，ICRC 受这些国家的授权委托，确保《日内瓦公约》的实施。ICRC 所进行的活动遍布全球，是最大的社会运动，影响超过上亿的人。因此，ICRC 以及红十字会的行动，可以为"一带一路"的发展带去重要的声音。他强调，ICRC 的工作为"一带一路"上的许多国家带去和平稳定，人道主义法以及它的原则是人类命运共同体概念的一部分，一方面，我们与国家有紧密联系；另一方面与世界的社区有紧密联系，ICRC 是人类命运共同体的重要支柱之一。

在 14 日的论坛上，毛雷尔参加了"民心相通"分论坛。他指出，在增进民心相通方面，"一带一路"倡议应认识到人道组织的独特性，即凝聚人的力量，能够有力促进"一带一路"倡议的成功。

毛雷尔表示，红十字国际委员会在"一带一路"沿线 40 个国家均长期开展重要行动。红十字国际委员会对当地的安全与人道局势动态有着深入的理解，并对当地发展所面临的挑战具有直观的认识，可以通过加强与中国有关部门及中国红十字会的坚实合作伙伴关系，在该框架内实现长期合作，推动"一带一路"倡议的实施。

ICRC 的职责

ICRC 所依据的人道主义法以及《日内瓦公约》，毛雷尔表示，是当前最被广泛接受和签署的一部法律，也是关于人道主义方面最基本的一部法律。《日内瓦公约》已经有 194 个国家批准，它包含了人道主义的核心价值，这也是全世界人们的共识。在他看来，这与"一带一路"倡议所提出的民心相通和人道方面的理念相似。ICRC 在全世界 190 个国家拥有 1700 万志愿者，ICRC 在旷日持久的冲突和暴力局势中，提供中立、公正和独立的人道主义援助，能够为发展创造一个有利的环境，促进世界的和平与稳定，从而能够为世界经济发展和"一带一路"建设作出重要贡献。

根据 1949 年《日内瓦公约》及其 1977 年的《附加议定书》，平民及所有未参战人员在任何情况下都不得成为攻击的目标，必须免受伤害并受到保护。然而在实践中，平民在武装冲突和其他暴力局势中经常得不到相应的保护，这并不是因为国际人道法(IHL)和国际人权法(IHRL)设立的法律框架不合适，而主要是因为武器携带者及其政界同伙缺乏对国际人道法和国际人权法基本原则的尊重。

红十字国际委员会主要对两类特殊人群进行援助。一是被逮捕和拘留的人，特别是身在武装冲突或其他暴力局势中的这类人员；二是不参与或不再参与敌对行动和暴力对抗的平民。儿童（雇佣儿童兵）、妇女（性暴力受害者）、老人、残疾人及流离失所者等高危人群应受到特别关注。

红十字国际委员会对这两类人群提供人道主义救援，确保这些人的生命权，尊重家庭的完整性，尊重人的尊严及身心健康。红十字国际委员会也努力确保平民不受歧视，并确保他们获得医疗服务、安全饮用水和农业用地。

红十字国际委员会也会与冲突双方的主管部门和其他机构团体进行沟通，确保他们履行国际人道法和国际人权法规定的义务。它会提醒相关各方注意有关规制作战行为的规则（如区分平民居民和军事目标、预防原则和比例原则、确保人们获取生活必需品等）以及有关在执法行动中规制武力使用的规则。红十字国际委员会也会参与最高外交级别的磋商，提倡禁止使用某些被认为违反国际人道法基本规则的武器（例如杀伤人员地雷和集束弹药）。

在多数时候，当红十字国际委员会的代表们记录下他们在一线获知的虐待行为后，会将保护工作方面存在的问题告知主管部门并要求其采取行动终止这些虐待行为并（或）为受害者提供援助。红十字国际委员会提供的解决方案不仅限于与主管部门进行保密交涉，其形式多种多样：从推广与适用于武装部队和警察的国际标准相一致的作战规则和行动，到转移战区受困群众，以及为保障平民基本权利而协助冲突各方达成协议等。

ICRC 的独立性

红十字国际委员会 1863 年创立于日内瓦，是一个独立、中立的组织。自成立以来，红十字国际委员会取得了诸多成绩。2013 年 5 月 13 日，中国国家主席习近平在人民大会堂会见毛雷尔。习近平高度评价红十字国际委员会成立 150 年来在国际人道主义事务方面所做的大量工作，感谢红十字国际委员会积极参与中国人道主义救援。习近平表示，红十字不仅是一种精神，更是一面旗帜，跨越国界、种族、信仰，引领着世界范围内的人道主义活动。人道主义事业是全人类共同的事业，相信红十字精神将不断发扬光大。

毛雷尔说，世界上还有其他成千上万的条约，但只有一部法律被几乎所有世界上的国家共同签署，那就是《日内瓦公约》，被 194 个国家批准，它包含了人道主义的核心价值，这也是全社会的人们的共识。这些共识是重要的，包括人道、公正、独立、团结等重要原则，在他看来，这些原则是红十字活动的重要支柱。

过去几十年我们见证了世界经济的发展，然而，从世界各地的新闻报道中，我们也看到了不少冲突，比如中东地区、叙利亚、伊拉克、利比亚、乌克兰等，依然有不少冲突甚至战争发生。当前，恐怖主义袭击也成为冲突的表现之一。《日内瓦公约》至今已有 150 多年历史，但世界似乎变得越来越不稳定。

毛雷尔认为，这很难做一个总体的评判，但是我们都有一个感觉就是，在过去的这两年，这世界似乎不是很稳定。ICRC 的一些同事也认为，在过去几十年，有世界大战，有各种冲突，这个世界似乎越来越不稳定，这世界存在着一些不稳定的因素，包括武装冲突、武器的发展、更复杂的形势、人口流动，还有各国的教育系统、经济系统、环境及社会系统的影响等。"我们希望人道主义法实施，需要更多国家参与，需要让更多国家意识到稳定的重要性，因为任何经济的发展都需要稳定，没有稳定的环境，就没有经济发展。"

那么，这是不是意味着 ICRC 越来越重要？毛雷尔笑言，ICRC 的创始人设立 ICRC 的目的并不是要保留这个组织，而是希望能够废除这个组织，但是这个组织却持续了这么多年。"我觉得最好的消息应该是我是这个组织的最后一任主席，这个世界不再需要我们，但这好像不太可能发生。我很不幸地看到，未来还需要更多的人道主义援助和行动。"ICRC 在世界的各种冲突中还发挥着独特的作用，人道主义法的中立、公正、独立的原则在它的工作当中发挥着重要的作用，也是一切行动的基础，尽量确保国家的行动不要违反人道主义法。

深入一线

毛雷尔 2012 年 7 月 1 日正式加入红十字国际委员会，并担任主席。ICRC 在过去 5 年的成就，在毛雷尔看来，与它所面对的挑战是相适应的。"我们看到，这些年来，世界上有更多的冲突，这些冲突带来了很多影响和挑战，我们一直致力于与冲突各方进行沟通。我们也发现，在与各方沟通进行人道救援的时候，面临新的挑战，同时也需要有一些新的手段和方法，比如一些新的技术手段以及金融上的手段等。"这些在实践中保持中立的协调手段都非常重要，希望在未来能够寻找到更多的方法来应对这些挑战。

自毛雷尔担任红十字国际委员会的主席以来，去过很多一线，也有许多难忘的经历。毛雷尔说，特别是当经历冲突，去到那些悲惨的现场的时候。但是，"我也从那些被我们帮助的人中看到了希望，这令我印象深刻。我们感觉到，我们在那里帮助他们，他们能获得希望，这令我们感动，当我看到这么多希望的时候，这也是让我一直做这个工作的原因"。

毛雷尔说，ICRC 的职责就是帮助在冲突中的人们获得必需的帮助。

人道主义法以及 ICRC 的主要工作是希望能取得共识。在他看来，人道主义法和《日内瓦公约》不仅是文字的规定，它更多体现的是这 150 多年来经历的反映，它是跨越民族、文化、地域的。人道主义是人道主义法的支柱和价值体现。

毛雷尔表示，尽管许多人认为人道主义法不断地被违反，人道主义法并没有发挥什么实质作用，但他不这么认为。"当我们与各国政府、军方和其他群体沟通的时候，人道主义法发挥着很重要的作用。而且，许多冲突地区的人们也知道、了解人道主义法，他们希望人道主义法发挥重要作用，人道主义法的原则和条款指导着 ICRC 的工作，他们也是冲突各方包括政府和军方和其他冲突方的行为准则。"虽然这不意味着人道主义法不被违反，但是有了它，红十字国际委员会就可以尽量确保冲突各方行动能尽可能遵守人道主义法，尽量少出现违反的情形。

5.

英国最高法院、上诉法院法官：中国司法取得巨大进步　两国司法合作前景广阔

| 人物简介 |

　　应中国最高人民法院的邀请，英国最高法院及英国上诉法院法官一行来中国考察交流。2011年9月21日下午，来自英国的法官们接受了记者的独家专访，讲述了他们对中国的印象、对英中司法合作的期望以及英国最高法院成立两年来的运行情况。

　　金秋送爽，应中国最高人民法院的邀请，英国最高法院及英国上诉法院法官一行来中国考察交流，他们中有英国最高法院院长菲利普斯勋爵、最高法院法官曼斯勋爵、克拉克勋爵以及来自英格兰和威尔士上诉法院的亚丁法官。这些法官大多毕业于英国剑桥大学或牛津大学，具有几十年的法律工作经验。

　　9月21日下午，来自英国的法官们接受了记者的独家专访。英国虽有悠久的法治文明史，但是却一直没有一个独立的最高法院。直到2009年10月1日，英国历史上首个最高法院正式成立。长期以来，英国最高司法裁判权一直依附于上议院，12名议员同时担任"常任上诉

法官"。2009 年 10 月 1 日后，这 12 名议员卸去议员职务，成为全职最高法官。这是英国宪政改革的一个重要里程碑。

中国在司法上取得巨大的进步

记者：1988 年，英国首席大法官莱恩曾经率团正式访华，这是英国法官首次官方正式访华。二十余年后，各位又来华访问，大家有什么特别的感受吗？

菲利普斯法官：正如王胜俊院长所说，近年来两国法院系统间有着日益密切的交流与合作，希望此次的交流访问将促进和加强英中两国司法界的交流与合作，推动两国关系的进一步发展。英中两国法官之间交流意见、探讨共同问题的解决方案非常重要。目前两国之间有一个合作项目，中国的法官到伦敦进行法律硕士教育，在过去的 12 年中，每年有 6 名中国法官在英国政府的资助下，拿到了伦敦大学亚非学院的硕士

2011 年 9 月 21 日，在北京与英国最高法院法官们的合影。

学位，同时他们跟随英国法官在实践中学习英国的法律制度。这都是加强两国法律界交流的重要途径。

记者：这次中国之行给你们最深刻的印象是什么？

菲利普斯法官：首先我感觉北京的城市规模和很多建筑气势恢宏，市容非常洁净，而且北京街头的人们看起来都非常开心、放松、享受生活。

克拉克法官：今天下午，我们会见了几个参加过英国法官培训项目的中国法官，他们都认为这个项目运作良好，取得了显著的效果，对于解决我们共同的问题有重要意义，同时对于认识我们之间的不同点也有重要作用。

曼斯法官：这些中国的法官们向我们展示了对普通法系认知的深入性，了解不同体系所带来的优势，并把从英国法律体系中所学到的知识运用到中国法律体系中。

克拉克法官：这也让我们认识到我们对于中国法律体系知之甚少，也给了我们加强合作的动力。

记者：中国加入 WTO 十年来，司法建设上发生了很多变化，您几位有什么看法呢？

亚丁法官：中国已经取得了巨大的进步，而且一定会取得更多进步。中国加入并批准适用了很多国际组织的准则，这是非常重要的。中国加入 WTO 之后，适用了相关的知识产权保护规则，这对经济发展和国际贸易来说至关重要，中国在这方面进步巨大。

菲利普斯法官：这会使得其他国家的政府和公司相信，在与中国进行贸易的过程中，如果发生了争端，会得到公平的审判。

克拉克法官：在与中国最高人民法院的会谈中，我们了解到，中国法院近年来越来越多地承认和执行外国法院的判决和仲裁机构的裁决，这对外国公司来说是一个很好的消息。

揭开英国最高法院神秘面纱

记者：英国最高法院已成立将近两年了，最初成立的目的之一是要将立法权与司法权相分离。那么现在政府、公众和媒体对英国最高法院的评价如何呢？

菲利普斯法官：英国最高法院成立的一个原因是公众并不了解我们的体系。数百年前，法官们的判决很可能会上诉到上议院，当时上议院所有议员共同裁决，而绝大部分上议院议员没有法律知识和经验。随后，上议院的一部分议员开始从法官中选任，而这部分议员专门处理上诉到上议院的案件。发展到后来，上议院中有 12 名议员专门处理上诉案件。所以在实际上，这 12 名议员是独立行使司法职责，但社会公众并不了解这 12 名议员的作用，也无法理解他们是否能独立行使司法职权。根据 2005 年通过的《宪政改革法案》，上议院行使司法职权的议员将脱离上议院，组成最高法院，使得司法权不但实质上而且形式上也与立法权分离。全英所有民事、刑事案件都可上诉到英国最高法院，但有一个例外，英国最高法院对苏格兰的刑事案件没有管辖权，除非这个刑事案件涉及《欧洲人权公约》。

记者：英国最高法院每年裁决多少个案件呢？

菲利普斯法官：当案件上诉人向我们提出申请后，我们首先要决定是否接受这些案件的上诉，只有案件涉及一般公众重要性原则，我们才会受理这个案件。只有案件中涉及的原则能够为将来案件的审理澄清原则，我们才会受理。如果一个案件对当事人非常重要，涉及的标的额也非常大，但是没有涉及一般公众重要性原则，我们是不会受理这个案件的。我们每年大概会受理 60 个案件，而申请最高法院受理的案件数大概是每年 300 个。同时，我们还作为英国枢密院的一个非常设法院，受理 26 个英联邦成员的上诉，其中还有两个是共和国，数量大概是每年 40 至 50 个。

亚丁法官：这两个数字加在一起，可能还是显得很少，但是英格兰和威尔士的上诉法院每年要处理 3000 至 4000 个案件，而最高法院是上诉法院之上的第二重上诉法院，加上这样一个再次处理上诉的机构是有非常重大的价值的。

记者：英国最高法院法官的选任程序是怎样的呢？

菲利普斯法官：这个程序的规则由 2005 年《宪政改革法案》所确定。下级法官的选任由英格兰及威尔士地区、苏格兰、北爱尔兰的独立的司法选任委员会分别决定，而最高法院法官的任命是由一个 5 人组成的特别委员会决定，包括最高法院院长、副院长，另外 3 个成员分别来自上述 3 个地区的司法选任委员会。任何符合条件的人都可以提出申请，而我们 5 个成员会进行协商，对候选人进行面试，2005 年《宪政改革法案》规定最高法院法官的选任必须基于候选人的能力和品格确定。

记者：要成为英国最高法院法官，需要符合什么条件呢？

菲利普斯法官：担任过下级法院的法官或者当过十年以上的律师。

记者：目前英国最高法院庭审的公开度很高，很多庭审进行现场直播，您几位是怎样看待媒体和法庭的关系呢？

菲利普斯法官：英国最高法院成立的一大作用就是让公众了解我们的工作，为了达到这样的目的，我们把摄像机搬到了庭审中，而媒体也非常乐意配合。当然，在某些情况下，庭审过程不宜被披露，但大多数情况下，我们的案例都对媒体开放报道。天空电视台还设立了一个网站，对我们的大多数庭审进行现场直播。

同时，在案件裁决后，代表多数意见的一位法官需要撰写裁决理由，如果案件涉及重大公共利益，还会在新闻中报道。

记者：英国最高法院的裁决机制是什么呢？

菲利普斯法官：对于一般案件，我们由5位法官共同审理，所以我们可以同时审理两个案件；如果这个案件比较重要，由7位法官共同审理；如果确实极为重要，会由9位法官共同审理。在庭审之后，我们会进行讨论，看能否达成共同意见，一般情况下，我们无法达成共同意见，裁决由多数意见决定，而持少数意见的法官可以撰写他们的反对理由。

中英法院既有相同又有不同

记者：您几位在京参观了东城区人民法院，有什么感想呢？

菲利普斯法官：我们参观了一场刑事审判的庭审，其中两个被告认罪了，在英国，如果被告已经向法官认罪，就不会再有庭审，法官只需要再考虑量刑。英国近年来建立起一个非常完善的体系，在量刑时会综合考虑被告的社会生活状况，看他犯罪是否确实情有可原，并把他之前的犯罪记录加入考量。所以，在法官量刑时，他需要考虑很多的数据。另外，律师也会向法官提出请求，提出当事人虽然犯罪，但基于以下因素，法院对当事人的量刑不应过重。在今天东城区人民法院的庭审中，被告律师也是在说服当事人认罪的情况下，请求法院轻判，所以在这一点上，英中两国的法律制度有相似之处。

记者：英国最高法院与本国其他法院，如上诉法院等是怎样的关系？

菲利普斯法官：这一点与中国不同。英国其他法院是独立于最高法院的，并不隶属于最高法院。最高法院对他们并没有管辖权。但是，最高法院作出的判决对他们将来的判决具有约束力。

5. 英国最高法院、上诉法院法官：中国司法取得巨大进步　两国司法合作前景广阔

记者：各位对于中英两国最高法院之间未来的合作有何期望？

菲利普斯法官：前景一定很光明。我们希望今后能继续加强两国之间的司法交流与合作，增进双方的理解和支持。我们同时非常感谢中方的邀请，这次访问收获很大，希望以后能有更多这种相互交流的机会。

（本文发表于《法制日报》2011 年 9 月 27 日。郭文青对本文有贡献）

6.

科林·比尔斯：中国重视知识产权令我印象深刻

| 人物简介 |

科林·比尔斯　英国高等法院大法官，从业经历丰富，自
1990 年获准成为律师至今，在知识产权法律领域取得了卓越
成就。其曾作为知识产权法出庭律师出庭英国法院、欧洲专利
局及欧洲司法法院；2003 至 2008 年期间，担任英国专利、商
标和外观设计总审计长之常务顾问；2008 年荣获皇家律师资
格。2010 年，他以英国专利郡法院法官身份兼任英国版权裁
判所主席；2013 年列席英国高等法院大法官庭，并专司专利
法庭。

2013 年 8 月 26 日，英国大法官科林·比尔斯在北京接受了记者的
采访。此次比尔斯法官来华最主要的目的是与中国的法官同人交流学
习，互相借鉴，共同探讨近年来在知识产权领域出现的新问题。在采访
过程中，比尔斯法官表示，虽然英中两国法律制度不同，但两国在知识
产权领域所面临的问题是类似的，中国对知识产权问题非常重视，与中
国同人们的交流令他受益良多。

深感中国非常重视知识产权

记者：随着中国经济的不断发展，有关知识产权的各项法律也在不断更新调整，至今已有很大提升。请问在您这次访问过程当中，您对中国在知识产权法领域的发展有何印象、如何评价？

比尔斯：我的个人印象是，与 20 年前相比，今日的中国对知识产权问题非常重视，法律建设也更加趋于完善，我认为这是一个好现象。作为一名常年从事知识产权法律工作的法官，我是十分乐于见到自己所从事的专业正越来越受到贵国的重视。如你所说的那样，在过去几十年中，中国在积极促进经济发展的同时，也逐步认识到了知识产权的重要性。

记者：的确，中国经济的腾飞使得更多中国企业走出国门，也意识到了维护知识产权的重要性。作为一名知识产权法的法官，如果让您提建议的话，您会给那些到英国发展的中国企业什么建议？

比尔斯：听取专业人士的意见很重要。知识产权是一个既重要又复杂的问题，各国的知识产权制度看上去相似，但实际并不雷同。中国的企业要去欧洲，尤其是去英国发展，首先必须严肃对待知识产权问题。

同时，我也欢迎在英国的中资企业采取法律手段维护自身的合法权益。在我的印象中，2012 年曾有一家中国企业到专利郡法庭起诉。这足以反映，中国企业是有意愿和能力通过英国的专利郡法院和知识产权制度维护自身权益的。

记者：那么对于未来中英在知识产权司法领域的合作，您有怎样的期许呢？

比尔斯：这是我第一次来中国访问，刚刚与北京海淀区法院的多位优秀中国法官交流，让我获益匪浅，希望未来能有更多这样的交流。我也希望中国法官将来有机会到英国访问，促进两国司法的双向学习与互动。

专利郡法院：一名法官的法院

英国专利郡法院（PCC）成立于 1990 年，其设立旨在帮助中小型企业降低在高等法院进行知识产权诉讼的成本，为非疑难小额案件提供高等法院专利法庭之外的选择。2010 年，比尔斯先生辞去律师职务，就任专利郡法院法官，对法院的设置运作非常了解。与高等法院相比，专利郡法院提供更廉价、更快捷、更简便的诉讼程序，让企业特别是中小企业的创新之路不被昂贵的维权费用所累，是一项利国利民的有益之举，对我国有一定借鉴意义。据介绍，专利郡法院即将更名为知识产权法院，令人惊讶的是，英国只有一个专利郡法院，而且法院里只有一名法官。

记者：您曾出任专利郡法院法官，能否简要介绍一下专利郡法院？

比尔斯：专利郡法院主要针对无力承担高额诉讼费用的中小企业和小额案件，设定了诉讼费（5 万英镑）、赔偿金（50 万英镑）和审理时间上限（1 至 2 天）。就现阶段的情况看，专利郡法院的运行还是较成功的。

记者：能否详细介绍一下专利郡法院对各类案件的审理情况？

比尔斯：英国只有一个专利郡法院，而且法院只设一名法官。在参加这个采访前，我刚刚结束在海淀区人民法院的参观，那里审理的案件量之大，真是多到让我难以置信。专利郡法院只有一名独任法官，法官公务繁忙时，将由助理法官帮忙处理。助理法官往往是非全职的，通常情况下，案件还是交由正式的法官审理。2012 年，专利郡法院共审理了约 200 起案件，虽然无法与海淀区人民法院的庞大数量相比，在英国也算是比往年数量大增了。专利郡法庭可以审理各类知识产权案件，即将改名为知识产权法院，在我的印象中，还是比较受中小企业欢迎的，现在法院的工作越来越忙了。

创新小额赔偿程序

小额申诉通道（SCT），即针对简单的和价值低于1万英镑的案件的审理。这一创新是在比尔斯法官任内引入的新制度，是英国政府近期引入的简化专利郡法院程序之系列变革的举措之一。小额申诉的听证会是非正式的，可在无律师代理的情况下召开，该程序适用于著作权、商标和未登记的外观设计案件。

记者：可否简要介绍一下小额申诉的审理过程？

比尔斯：小额申诉是一项2012年刚刚设立的制度，涉及的都是很小的案件，要求案件价值不超过1万英镑。启动审理程序的第一步是双方交换书面申请，其后，法官在不开庭的情况下给予指导；正式开庭时，审理时间不会超过一两个小时，一般当事人也不会请代理人。

记者：小额申诉通道已实行了一段时间，请问效果如何？

比尔斯：从2013年年初到5月份，所受理的小额赔偿案件大概有二三十件，不过这一数量正在逐渐增加，毕竟它是一个新事物，人们熟悉它还需要时间。我们设立这一制度的初衷，就是希望能让更多的中小企业享受便捷的司法服务。

"诉前禁令"制度带来借鉴

"诉前禁令"制度是除专利郡法院外，比尔斯法官重点介绍的又一制度。其判例法（美国氰胺公司案）于 1975 年由英国最高法院的前身——英国国会上议院创设。促成英国法官在审理诉前禁令申请时，须按规定步骤，判断申请是否符合美国氰胺公司案中确立的四要素，再决定是否支持原告诉前禁令的申请。原告如要申请诉前禁令，须先依照"正常"诉讼程序向法庭起诉。一旦立案，则可向法庭申请诉前禁令。

　　记者：诉前禁令制度是您本次来华介绍给中国同人的又一亮点，可否简要介绍一下这一制度呢？

　　比尔斯：要在知识产权纠纷中申请诉前禁令，双方当事人必须先证明各自观点的可辩论性。法庭出于实际的考量，可以先着眼于案情判断对双方利益的损害程度，分析若不设诉前禁令，是否会对其中某一方造成不可弥补的损害。举例来说，一项原研药还有一两年的专利保护期，而有人想仿制这一药物并立即推向市场，在这种情况下，法律虽未强制要求，但法官往往会判诉前禁令。这是因为在双方都有理可辩的情况下，法官必须平衡双方的权益。若不设诉前禁令让仿制药上市，药品价格一定大跌，即使一两年后判决原研药药厂胜诉，药品价格也难再回升，因此，即刻禁止仿制药上市，就是为避免对原研药药厂造成无法弥补的损失。

　　当然原告要申请诉前禁令也并非那么容易。在英国，原告若想申请诉前禁令，必须证明损害赔偿金不足以弥补自己的损失，此外，还须向法庭作出承诺，在法庭错误颁布禁令的时候，赔偿被告因此遭受的损失。

　　（本文发表于《法制日报》2013 年 9 月 3 日。高笛对本文有贡献）

7.

卡梅隆·克里：五次访华 对中国发展有信心

| 人物简介 |

卡梅隆·克里 美国商务部原法律总顾问。他于 2009 年 4 月 20 日得到奥巴马总统提名，2009 年 5 月美国参议院一致通过了他的任命。身为总顾问，他是商务部的法务总监，负责监督商务部 14 个法律部门的 325 名律师的工作。此前，克里是美国明茨莱文律师事务所波士顿办事处的合伙人。他在 30 余年执业生涯中一直担任电信、环境保护法、隐私法、保险法规等许多复杂案件的诉讼律师。克里曾是 2004 年民主党总统大选的高级顾问，并曾担任非营利组织理事，从事市民参与、政治参与和体育运动等工作。

2011 年 7 月 28 日，正在中国访问的美国商务部法律总顾问卡梅隆·克里接受了我们的专访。

克里多次到访中国，对中国比较了解。他对中国的发展很有信心，对美中两国的合作也持乐观态度。克里说，这已经是他第五次访问中国了。克里表示，中国具有悠久的历史和文化，中国在最近几十年来取得了巨大的发展，经济上快速成长。不可否认，在美国虽然存在一部分人对中国存有敌对态度，认为中国的崛起是以牺牲美国的利益为代价的，但是他本人并不这样认为。中国与美国之间有许多合作的机会，美中两国合作能让两国共同发展和成长。美国一直在鼓励出口，中国的"十二五"规划也致力于调整经济体系，美中两国完全可以建立起互利共赢的关系，共同推动世界经济的发展。现在正是一个良好时机。如果美中两国能抓住这个时机，那么一定能将美中两国关系拓深，有助于双方的发展。

克里还表示，虽然中国的一些城市经济发展快速，但是仍存在贫富差距的问题，这在美国也同样存在。中国在 G20 和世界舞台上逐渐显现了其领导地位。2009 年，中国超越德国，成为世界上最大的出口国，中国也同时拥有最大的外汇储备。在改革开放和"走出去"的政策指引下，中国最近这几十年发展迅速，对世界经济的发展都是非常有利的。

克里介绍说，他此次来中国的目的主要是处理有关法律的问题，包括双方贸易中的法律问题，比如如何建立和完善双边贸易有关法律条款，以提升法律的透明度和准确性，增加投资者的信心，以促进双边贸易的发展；另一个主要的议题是美中反腐合作。克里介绍，前两天他与中国商务部等有关政府部门就反腐合作等问题展开了一系列的讨论，希望在将来能继续加深两国的反腐合作。

通过最近他对中国的这两次访问，克里先生了解到前不久通过的刑法修正案增加了打击跨国商业贿赂的条款，把贿赂外国官员、公司和国际组织纳入刑法犯罪中，这表明了中国打击跨国腐败犯罪的决心和努力。他说，中国政府在打击跨国腐败犯罪方面确实投入了许多物力、人力、财力，中国打击腐败犯罪的决心是不容置疑的。但是，法律的执行与法律的制定同样重要，他希望中国能加大对腐败案件的调查和打击力度。

　　在过去几天的访问当中，他与中方代表进行了深入的探讨，对打击腐败犯罪方面的法规以及执法方面的问题进行了考察。一些美国的公司来到了中国，并在中国行贿，他希望能够引导这些外国公司遵守反腐条规，鼓励他们遵守法律，同时也希望中国能加大对这些行为的调查和打击力度。过去几年，美中两国在反腐败合作方面取得了很大的进展，他希望今后能再接再厉，继续深化两国的对话与合作。

　　在追回腐败分子的外逃资金方面，克里也与中方代表在过去的几天里进行了深入的讨论。克里说，两国代表还在一些具体的细节上对这个问题进行了探讨，并介绍了美国的相关做法。比如，美国的移民法方面，如何规制才能防止这些犯罪分子利用美国的移民法外逃以及藏匿资金。就在不久前，奥巴马政府还通过了一项政策，就是专门针对这些窃取公共资金外逃的人员，让这些高官所窃取的钱财能返回到这些国家，同时也是为了制止这些官员犯罪后逃入美国。这个法律于 2011 年 7 月 28 日生效。这个政策是奥巴马政府打击国际犯罪的一个部分。

　　提及赖昌星被从加拿大遣送回国事件，克里表示，这表明了国际打击腐败犯罪的决心，同时这也是国际合作打击腐败犯罪的一个成功案例。国际合作在打击腐败犯罪的过程中至关重要，克里相信，国际合作不但有助于防止本国被腐败犯罪波及以及制止公司在国外进行腐败犯罪，而且还有利于这些犯罪分子的追踪以及调查。任何一个国家都不应该成为腐败犯罪的天堂，这也是国际反腐合作所要达到的目的。

　　对于美国国内正在热议的美国债务问题，克里表示，不管结果如何，美国国债一定是会被偿还的，因为美国国债和世界经济体系戚戚相关。尽管两党在国债问题上存在分歧，但两党中仍然存在一些负责任的领导，他们正在尽自己最大的努力寻求美国国债的解决方案。但是，也应该看到在美国确实存在一些因素，使得双方无法达成一致，而且也有一些不法分子，利用一些手段，操纵美国国债、利率。不过克里表示美国一定会对这些债务负责。克里同时强调，一旦美国两党无法达成一致，美国也存在一些紧急机制来进行挽救和弥补，而且也不会影响到这些债券和利率，因为这些都将最先被偿付。

（本文发表于《法制日报》2011 年 8 月 2 日）

8.

埃里克·霍尔德: 看重中美司法合作

| 人物简介 |

　　埃里克·霍尔德　美国司法部原部长, 2008 年 12 月受前总统奥巴马提名, 2009 年 2 月 3 日正式被任命为美国第 82 任司法部部长。他是美国历史上第一位非洲裔司法部部长。霍尔德曾在哥伦比亚大学先后攻读了美国历史本科学位和法律学位, 是奥巴马的校友。从哥伦比亚大学毕业后, 霍尔德即进入司法部工作, 主要调查和起诉地方、州和联邦政府公务员的贪污腐败问题。1988 年, 他被前总统里根任命为哥伦比亚地区高等法院法官。1997 年, 前总统克林顿任命他为司法部副部长, 也是首位被任命的非洲裔司法部副部长。

　　2010 年 10 月 19 日至 22 日, 美国司法部部长埃里克·霍尔德应邀率团访华。21 日在美国驻华大使馆举行的新闻发布会上, 霍尔德表示希望两国继续加深打击跨国犯罪、反恐和知识产权等方面的合作。霍尔德强调说, 此次访华的目的在于深化两国的司法合作, 探讨如何落实和贯彻 2009 年 11 月奥巴马总统访华期间两国元首在一些重要问题上的承诺。他同时希望, 美中两国执法部门的合作能够推动两国关系发展。他说，"正如奥巴马总统所指出的，美中两国无法一起解决世界上所有问题，但是，如果没有两国一起向同一方向拉动，那些问题将不会得到解决。两国在执法上的合作是必要的"。

在奥巴马竞选总统期间，霍尔德不仅担任奥巴马的高级法律顾问，而且还是副总统候选人筛选委员会主席之一。

对于此次访华，霍尔德强调，奥巴马总统 2009 年 11 月访华期间与胡主席在一些重要的问题上就加强合作作出了特别承诺——包括打击跨国犯罪和恐怖主义。他此次访华的目的之一就是探讨两国如何在这些方面继续加深合作。霍尔德表示，美中两国是关键的执法伙伴，双方的关系是互惠的。美中双方可以在许多方面开展司法合作和联合调查项目，比如从腐败到打击毒品、恐怖主义犯罪等领域，都可以开展合作。他希望双方能够在司法领域及时分享信息，对对方的协助请求作出真诚有效的反应，为将来打造一个更深刻、更牢固的关系提供基础。

据霍尔德介绍，美中两国已经在打击腐败案件上有了一些合作，虽然美中两国目前还没有签订引渡条约，但是两国在案件的调查、信息共享和追讨外逃罪犯上已有了许多合作。霍尔德同时透露，为了使司法合作维持在较高的水平，两国仍会努力遣返对方国家的罪犯，目前两国正在就一些此类具体案件进行联合调查。

霍尔德介绍说，他此次访华除了加深两国司法合作外，还希望推动两国针对法治的讨论，重启美中法律专家对话。他说，"由训练有素的律师和独立法官所实施的法治承诺，对打击腐败以及确保稳定繁荣的社会至关重要"。

霍尔德此行还有一个重要目的，就是进一步推动中美两国在知识产权领域的合作，他表示美国和中国合作打击知识产权侵权行为非常必要。在此之前，霍尔德于 10 月 19 日参加了在香港举办的国际知识产权执法会议，在演讲中他呼吁各国加强国际合作，建立新的打击有组织犯罪的侦破方式，严惩犯罪分子。

国际协作是打击犯罪和有效检控的重要手段。霍尔德称，美国在打击知识产权犯罪以及起诉犯罪分子方面取得了瞩目的成绩，这一切都有赖于世界各地合作伙伴们的帮助。

他说，保护知识产权对奥巴马政府、司法部及他来说，是一项优先任务。美中两国过去已经共同努力调查和起诉了多起知识产权侵权案件，希望将来能有更深的合作。其中，就有来自中国香港方面的协助。2010年年初，在弗吉尼亚州里士满市，司法部赢得了美国历史上最大的知识产权案件之一，该案涉及价值一亿多美元的假冒奢侈商品。被告属于一个国际犯罪集团，拥有并经营13家公司和8个制造厂。在调查过程中，中国香港特区政府在获取庭审证据方面提供了重大帮助。

霍尔德称，美中执法合作联合联络组的知识产权工作组可以扩大两国的双边执法努力，共同找出执法机制中最紧迫、最危险的缺口，并开始采取必要措施予以弥补，加强知识产权保护，并履行公共服务中最为关键的责任：保障机会、促进繁荣、保护人民的安全和健康。

（本文发表于《法制日报》2010年10月26日）

9.

布莱特·塞格：成功反腐败需要什么

| 人物简介 |

　　布莱特·塞格　美国联邦检察官。2009 年接受采访时从事检察官工作已有 10 年，资历深厚，并且成功起诉了多起重大案件。作为一名出色的联邦检察官，塞格得到了来自政府和私人组织各种各样的奖状和奖励。

　　腐败问题是当今世界各国政治中普遍存在的问题，它在许多第三世界发展中国家尤其引人注目。如何建立一套行之有效的反腐机制是各国的当务之急。在司法工作中，如何发现、调查和惩罚腐败现象则是维护反腐机制的重要手段。为此，记者专访了来自美国的联邦检察官布莱特·塞格（Brett Sagel）。

　　塞格检察官已经在检察战线上奋战 10 年了，因此可以说得上是资历深厚。最近，塞格检察官成功地在一起腐败案中将奥林奇（Orange）郡前司法长官麦克·卡罗纳起诉，使卡罗纳被认定阻碍司法，并因此被判 66 个月的监禁。这一起案件在美国引起了不小的关注，因为本案中的主角卡罗纳是奥林奇郡被选举出来的郡司法长官，享有最高的法律执行权力。卡罗纳还被称为"美国的郡司法长官"，是全国知晓的共和党新星，同时也是布什政府国家安全咨询委员会的成员之一。

打击腐败并不容易

塞格检察官说，打击腐败犯罪并不是一件容易的事，特别是在侦查阶段，因为腐败犯罪通常是在当事人当中进行。由于没有第三人在场，在调查和收集证据上就很困难。在实践中，为收集相关证据，许多技术被采用，比如在某些案件中，根据案件的具体情况，经联邦法院法官批准可以使用窃听、监视、卧底和污点证人等手段。

尽管打击腐败犯罪存在许多困难，塞格说打击腐败犯罪却是必须的。因为政府官员代表着国家的权力，控制着人们的行为。政府官员必须保证自己的行为远离欺诈、利益冲突、不进行自我交易，否则，将使公众的利益受到损害，会使公众对政府失去信心。我们国家的法律需要公众的信心和公众对义务的遵守，个别官员的腐败行为将使其他官员的形象遭受损害。这些都不是我们愿意看到的。

美国作为一个西方民主国家，政治腐败问题仍然在所难免。其实，在美国历史上也曾有过腐败问题非常严重的时期。比如在19世纪20年代后期一直到1883年，大量联邦、州和地方政府的官员都想得到用权力来交换填满钱袋的机会，强大的私人利益集团能够轻而易举地收买政府官员。美国南北战争之后，出钱购买联邦政府中的官职变得司空见惯。这种不正的风气、严重的腐败最终激起了社会强烈的改革要求。美国花了几十年的时间才将这种局面扭转过来。

行之有效的廉政建设机制

塞格检察官介绍说，针对腐败问题美国已经建立了一整套反腐法律，不但有联邦层面的，而且各州也有自己的反腐机制。比如，《联邦选举竞选法》《监察长法》《政府道德法》《独立检察官法》等。同时，在执行机构上，也有联邦和州的相应调查和起诉机构，如监察长办公室、美国独立检察官、司法部下属的联邦调查局等等。这些不同的机构互相配合，各司其职。在一起腐败案件的调查中往往都需要这些不同机构互相配合和协调。

正如塞格检察官介绍的那样，美国已经依法设立了一批廉政监督机构，并逐渐形成了一套相对完善、行之有效的廉政建设机制。而这一切都是花了相当长的一段时期，在各种社会改革力量的推动下进行的。18世纪、19世纪初和中叶，美国在经历了几次腐败高峰后，各种社会改革力量积聚起来。一直到20世纪70年代发生了美国政治历史上具有持久影响的"水门事件"后，美国集中出台并不断修订完善了《联邦选举竞选法》《监察长法》《政府道德法》《独立检察官法》等一批制止腐败的规则和规章，并依法设立了监督和执行这些规则和规章的机构，才把腐败程度降到了一个较低水平。据"透明国际"2001年至2005年全球清廉指数排名显示，美国每年得分均在7.5分以上，一直居第17位左右（总共有160个国家和地区参加排名），属于比较廉洁的国家。

预防是关键

但是，在美国腐败案件还是时有发生。2006年以来，有两个在美国影响较大的政治腐败案件：一是众议院多数党领袖、共和党二号人物迪莱涉嫌违反得克萨斯州法律，吸收企业15.5万美元政治捐款，迪莱因此成为美国一个多世纪以来首位遭犯罪指控的众议院领导人；二是"超级说客"杰克·阿布拉莫夫向多名国会议员提供免费豪华旅行、高尔夫俱乐部会费和餐饮娱乐服务等，以游说他们作出有利于其客户的决定，杰克案使美国议员大规模腐败丑闻大白于天下。

与塞格检察官的交谈，让我们感受到了打击腐败犯罪的重要性和困难性。打击腐败犯罪重要，而预防腐败犯罪更是关键。塞格检察官提到，我们需要一个透明的政府，只有这样，公众才会对政府有足够的信心。比如，政府需要向公众公开信息，同时政府官员们也需要公开一些重要的财产信息，比如投资、收入、商业职位、贷款或礼物等。通过这些机制来约束政府官员的行为，防止腐败发生。

腐败已经成为全球关注的问题。由于各国历史、政治文化和价值观念的不同，腐败在不同的国家呈现出不同的特点。但是，打击腐败的决心却是一样的。只要我们共同努力，建设一套以预防和打击为主的反腐机制，有一批像塞格检察官那样敬业的执法工作者，相信能将腐败降到一个比较低的水平。

（本文发表于《法制日报》2009 年 10 月 27 日）

10.

本泽二郎：了解历史、热爱和平的日本人

| 人物简介 |

　　本泽二郎　日本著名的政治评论家、记者、学者，现为日本记者协会重要会员；是一名了解历史、爱好和平、有良知的日本人。历任《东京时报》(Toky Times)政治部部长、副总编，1990年始从事独立政治评论工作。作为一位资深的政治记者，本泽二郎对日本政治局势有着独到的见解。主要著作有《社会党研究》《自民党派阀》《世纪末的日本政治》等。2013年接受采访时已71岁高龄。

　　本泽二郎先生第一次访问中国是在1979年12月，当时他随大平正芳首相访华。此次本泽二郎受中日关系史学会之邀来到中国访问，也是他第100次访华（2013年12月24日）。在其第100次访华之际，记者有幸针对当前的中日关系对本泽二郎先生进行了采访。

　　本泽二郎先生表示，之所以在这几十年间坚持从事日中友好工作，是因为他了解真实的历史，而在政府不肯正视历史的所作所为之下，现在许多日本人并不真正了解历史。本泽二郎曾亲自拜访参与战争的老兵及其家属，了解当时的真实情况，也曾到南京大屠杀纪念馆、卢沟桥等

2013 年 12 月，与本泽二郎合影。

地实地考察，但现在大多数日本人，特别是日本年轻人只是从教科书、历史书中了解历史，而这些教科书、历史书都曾被篡改过。

已故日中友好协会会长宇都宫德马对本泽二郎的影响极为深远，本泽先生秉承宇都宫德马先生的遗志，始终坚信，中国是日本的老师，日本应该为在中国的所作所为作出偿还而不是像现在这样无视历史。同时，他也经常接触中国友好人士，愿意为日中友好作出自己力所能及的贡献。

2013 年 12 月 26 日，日本首相安倍晋三不顾各界反对执意参拜靖国神社。本泽二郎认为，安倍之前没有直接参拜靖国神社，而只采用自费奉送祭祀费的方式，并不是因为安倍不想参拜，而是因为当时迫于美国的反对才没有参拜。但是，安倍实际上一直很想参拜靖国神社，并在 2012 年众院选举时许下承诺：如果成功当选，将在第二任期内参拜靖国神社。但其当选之后，迫于各种客观情况的限制，一直没能实现这个愿望，所以安倍实际上一直在寻求参拜靖国神社的机会，以"回馈"他的支持者。2013 年 12 月正值其任职满一年，而且，当时美国总统奥巴马由于国内的问题无暇顾及日本，因此，这也让安倍认为现在是参拜的良好时机。

本泽二郎还认为，安倍的参拜行为是其轻视亚洲的表现，是欲进一步强化其军国主义的表现，也意味着安倍在复兴军国主义上采取了更加强硬的态度。对安倍本人来说，他实施了一次危险的跨越。安倍的行为进一步损害了目前处于低点的日中关系。

本泽二郎希望国际社会能联合起来批判和制止安倍的行为。同时他也认为，安倍通过夸大"中国威胁论"，以达到国民从向往和平到允许战争的心态转变，从而扩充军备、实现军国主义的复归。

日本国会不久前通过了设立"国家安全保障会议"的法案以及《特定秘密保护法》，目的都是为了修改日本宪法第九条，最终达到复兴军国主义的目的。

本泽二郎说，《特定秘密保护法》与日本战前的《治安维持法》（1925—1945，现已废止）本质相同，这两部法案都是在短时间之内制定、通过并强行实施的。当年《治安维持法》颁布之后，日本走上了侵略战争之路。本泽二郎还表示，集体自卫权将是日本2014年最大的焦点之一，而实际上，一旦日本实现集体自卫权，宪法第九条将成为一纸空文，失去存在的意义。

本泽二郎本人是极力反对修宪的，因为一旦修宪成功，日本将有可能再次走上军国主义的道路。作为一名了解历史、爱好和平、有良知的日本人，本泽二郎对当下的日本表示非常担忧。

（本文发表于《法制日报》2013年12月31日）

| 相关报道 |

本泽二郎眼中的日本政局

作为日本资深的政治评论家，本泽二郎的一些观点与当前日本国内某些政治家的观点不同，但是却可以给我们提供另一个观察日本的视角。

安倍政府与日本财阀的关系

要了解一个国家的真正状况，就要了解一个国家权力核心的定位。在美国，有统治主导权的人占1%，日本与美国的情况是一样的。只不过在日本，这1%是由财阀组成的。财阀并不是现在的名词，其是战前的名词，并已经在日本的平面教育中消失，但是这1%的人却有着财阀的本质。

本泽二郎先生表示，通过他多年的分析观察，他认为，日本权力和财力的根本来自于财阀，对于政府与财阀沆瀣一气的实况，国民对此却是不知情的，他们认为政府是民意的代表，包括现在日本的许多记者，可能对此现状有所察觉，但是也不敢说就是这样的实际情况。

日本本身是依靠电器生产业（如索尼、三菱、东芝等）发展其经济，但是现在因为中韩经济的发展，而且从20世纪90年代泡沫经济破灭后，经济下滑，其和平产业失去竞争优势，经济增长点逐渐降低。现在日本电脑的生产整体也不存在优势，其电脑零部件的生产是在中国台湾引进的。本泽二郎先生认为，现在日本的和平产业已经基本失去竞争力，现在财阀企图通过军事产业来寻求增长点，而这正好与安倍的军国主义不谋而合。

而且，现在日本政府有1000万亿日元的债务缠身。日本经济团体联合会是日本经济的实际控制者，现由米仓昌弘担任会长。日本的财团掌握着国家政策决策的实权，对其研究在日本是禁区，其实力是其他国家的经济团体无法比拟的。财阀将民生产品生产转移到东南亚以及海外，在国内恢复军工生产。安倍政府的所作所为，都与日本在第二次世界大战前的准备相似，不难看出安倍军国主义复兴意图的本质。而且，安倍与主战派捆绑在一起，其公开自认为是"军国主义者"。

况且，安倍内阁的成立与财阀的背后支持是息息相关的。安倍参拜靖国神社的原因就是企图与天皇产生连接，因为天皇是日本国民的精神象征，只有跟天皇联系在一起，军队的精神力量才会强大，只有供奉天皇，军队才会誓死效忠。财阀支持安倍内阁成立起来，其根本的目的是突破"和平宪法"第九条，以图发展军工产业，并为财阀谋求最大利益。

现在日本各方面的情况都说明其军事力量在扩大，军队防卫计划在发生改变，其重新走向了军国主义。为了此目的，日本大肆宣传"中国威胁论"来"妖魔化"中国，利用"假想敌"中国来进行军事防卫的调整。其所进行的每一步调整都充分预料中国的反应，日本财阀所利用的正是安倍政府的毫无顾忌。

许多日本媒体受财阀和政府控制

安倍政权在政治方向上与以往的政权相比，都表现出了异常，但是现在的日本媒体却很少批评。言论自由是日本宪法的基本规定，每个人都有发言的权利，媒体应更真切地反映民意，但是本泽二郎先生认为，日本的现状却不是如此。媒体无法正常批判政治的黑暗，因为媒体本身是由财阀在背后支撑，受财阀和政府意志的控制，如果他们不按照政府和财阀的要求运作，其本身的生存存在问题，所以某些中国真实的情况在日本没有被报道。许多媒体本身经营基础薄弱，而且受网络等新媒体的冲击，媒体不得不主要依靠财阀的支持才能不断地稳定其本身的经营基础。现在日本广播协会（NHK）的人事任命是由安倍控制的，现任会长籾井胜人是当时政府内定的。

另一个原因是，日本联合政权中的公明党的变质，其曾对中日友好邦交正常化起到了很大的作用，但是现在其斥巨资来控制媒体以及新闻报纸，所以说现在新闻社比网络更进一步被政府控制，完全无法跟政府相抗衡，其已经完全成为政府的喉舌，现在日本的新闻已经是一个非常恐怖的现状。公明党党首山口那津男在 2013 年 1 月 22 日访华，表示中日友好的重要性，但其在日本却表示支持安倍通过《特定秘密保护法》，在这里也看出来了公明党政客的表里不一。

大部分日本民众还是选择相信政府是民主的代表和象征。在《朝日新闻》关于《特定秘密保护法》的调查中，76% 的国民认为国会的讨论"不够充分"，但是众议院却强行通过了。其实直白地说，反对的人是知道历史的人，知道《特定秘密保护法》是日本为返回军国主义道路进行铺路，但是整体的国民由于媒体的控制和政府的刻意隐瞒，他们对内幕是不知情的，其对政府的主张还是全盘接受的。

本泽二郎先生认为，现在的日本《日刊现代》是唯一一个勇于与现任安倍政府持相反意见的媒体，其次是东京新闻。

现在日本网络比其他媒体的言论更自由一些，因为许多发言可以使用匿名。但是，因为《特定秘密保护法》的出台，网络上的言论自由也在逐渐减弱，一些博客等被迫关闭。本泽二郎先生也有一个记者同盟通讯的博客网址，其本人也经常进行实名制的更新。现在像本泽二郎先生这样的人已经很少了，因为包括许多学者在内，他们发表在网络上的言论都是不署名的。许多学者如发表一些相对客观的言论，他们的博客就会被封杀，尤其最近这种现象愈演愈烈。根本原因是安倍通过《特定秘密保护法》后，网络上言论的自由也在走向减弱、封闭。

解禁集体自卫权，使宪法第九条成空文

对于修改日本宪法第九条的问题，日本会进一步利用"中国威胁论"，利用这个宣传以求改变日本国民的想法，即中国是"可怕的"，我们需要改进，而不会明确指明发展军国主义，其就是从根本上使民众的想法由和平到有可能战争态度的转变。本泽二郎先生是完全反对修宪

的，认为这是军国主义的复归，这种行为是极其危险的。

2014 年的焦点问题是日本的集体自卫权问题，即日本是否有权向海外派兵，一旦日本拥有集体自卫权，宪法第九条就会变为一纸空文，修宪的目的被提前实现，是否修宪就没有讨论的意义了。

对于日本国民而言，一方面相信政府；另一方面也有其摇摆性。比如，在 2013 年 12 月 22 日、23 日日本共同社实施的全国电话舆论调查结果显示，反对修改宪法解释以允许行使集体自卫权的受访者占 53.1%，超过了赞成的比例；表示赞成者仅为 37%。因为发动战争的惨痛教训日本人也是深刻明白的，比如在二战中，日本死了约 300 万人（根据学者的研究，这个数字有些争议），广岛和长崎的原子弹事件，这些教训他们也是难以忘怀的。正因为这样，日本政府充分利用"中国威胁论"，日本国民也在左右摇摆，既担心中国发动战争，又担心日本本身失去预防能力，所以才会支持发展军工企业和走军国主义道路。而且，现在占很大比例的日本年轻人对历史和宪法的理解存在缺陷和偏失，舆论的宣传和对政府的 100% 信任，才会有今天这样的结果。

对中日关系的几点建议

安倍通过《特定秘密保护法》后，2013 年 12 月 26 日又参拜靖国神社，这对于中日关系是极大的伤害。首先，基于安倍现在的表现，其最终还是会修改宪法第九条的。为了实现这个目的，安倍首先要做的就是让国民以及世界认为中国是有"威胁性"的，从这个层面上说，中日关系处于恶化状态是有利于安倍政府的。所以说，对于中日关系改变，仅仅就中日双方或者中国一方进行努力是远远不够的，要致力于从国际的角度对安倍的所作所为进行批判和封锁，才有可能使安倍在内心采取实际行动与中国改善关系，使得安倍有一些反省，在内心深处想跟中国改善关系。

安倍的偏执和狂妄，使得他执政这一年中日关系再跌冰点。如果中日双方一方掉以轻心，再度恶化，甚至破裂的可能性是非常大的。对于现在日本政府以及财阀的举动，国际社会能够起到关键作用，中国单方面是不起什么重要作用的，因此本泽二郎先生个人对于中日关系提出以下几点建议。

第一，以国际舆论的方式在世界上制止日本的疯狂行为。以美国为主的联合国成员对日本的所作所为表示抗议以及谴责，或者德国发出呼声，以自己的经历呼吁日本正视历史的必要性，如果这些反映到日本的媒体上，日本的国民也许会对其政府所作所为的正确性发出疑问，日本国民的想法也许会在和平和可能会发生战争中作出再次思考，在这样的情况下，安倍政府才会真正地作出反省和改善现在的行径。

第二，东南亚的国家也经历过日本的侵略，也深刻明白日本现在所作所为的不正当性，亚洲各国应该联合起来对日本形成包围，制止日本复苏军国主义。

第三，安倍对于东盟十国的访问，与其说是为了获得支持，不如说是在加大"中国威胁论"的效果，更加有利于修宪。因此，中国应处理好与东盟十国的关系，加大中国在东盟的影响力，中国与东盟应该联合起来，反抗日本军国主义的抬头。

第四，世界上的华人力量不可小觑，华人应该在各国宣传日本的所作所为的错误性，使得日本淹没在世界谴责的洪流中。

第五，美国的态度对日本政府有重要的影响。中国对美国白宫主和派应有更多的接触，并加大其在美国国会的影响。

11.

莎拉·布朗：关注儿童保护

| 人物简介 |

　　莎拉·布朗　英国前首相布朗的夫人，于1963年出生在英国南部的白金汉郡，童年大部分时光在父母工作的坦桑尼亚度过。早年父母离异。家庭的不幸使得布朗夫人十分热衷慈善工作。

　　2008年1月18日，英国首相夫人莎拉·布朗随同首相抵达北京，开始为期三天的对华访问。1月18日上午，布朗夫人第一站来到了北京唯一一所专门为外来进城务工人员儿女开设的蒲公英中学，关心城市流动儿童的学习、生活情况和观摩救助儿童会在蒲公英中学举办的"城市流动青少年体育运动项目"。记者随行对访问进行全程跟踪报道。

关心孩子学习生活，与孩子们共同玩耍

　　上午9点15分，布朗夫人一行到达位于北京大兴区的蒲公英中学。初见布朗夫人，齐肩的金黄色头发，一身白色大衣，虽是经过一夜飞

行，但却显得格外精神。

布朗夫人一行首先来到音乐教室。听着孩子们响亮的歌声，高唱校歌，布朗夫人露出微笑，整个氛围一下子变得轻松和快乐。"布朗夫人的到来让我们感到特别兴奋和激动"，一位蒲公英中学的学生说道。随后，布朗夫人来到了厨房、餐厅和宿舍，观看孩子们平时生活吃饭和睡觉的地方。看着孩子们生活的地方，布朗夫人说："这一切都让她印象深刻。孩子们能够在这样的环境中学习和生活，建立友谊，积极向上，她感到非常高兴。"之后，布朗夫人参观了图书馆，仔细查看了书架上的书；来到文化长廊，观看了孩子们自己制作的家乡地图和生命树，认真听取校长邓虹的介绍。布朗夫人对孩子们自己绘制的生命树特别感兴趣。看着一棵树上写着，如果不自信，有不良行为，就会"悲伤""痛苦""失望"；而另一棵树上写着，如果有自信，认真学习，就会"幸福""快乐"，布朗夫人露出满意的微笑，驻足良久。在英语课堂上，布

2008 年 1 月，布朗夫人（中）在北京大兴区蒲公英中学与孩子们玩耍。

朗夫人和孩子们亲切地交流，回答孩子各种各样的问题，询问他们的学习生活情况。之后，布朗夫人来到操场，观看救助儿童会举办的"市流动青少年体育运动项目"。兴致来时，还跟同学们一起做起了体育游戏，和孩子们手拉手，跑步，欢乐地在一起嬉戏。最后，她对这次访问行程表示非常满意和衷心感谢，与孩子们互赠礼物，希望孩子们健康快乐地成长。10 点 40 分，布朗夫人一行离开蒲公英中学。

在参观过程中布朗夫人不时露出微笑，和蔼可亲，不停地向校长询问问题，可以看得出布朗夫人对孩子们的关心，希望他们生活在良好的环境里，受到良好的教育，健康快乐地成长。

关爱城市流动儿童　　在英儿童受到帮助

在访问过程中，蒲公英中学校长向布朗夫人介绍学校的基本情况。这是北京第一所专为城市流动儿童创办的中学。全校近 600 名学生来自中国 24 个省级行政区。这些孩子大多来自不富裕的家庭，父母在北京打工。由于各种各样的原因，孩子们没有办法像其他当地的孩子一样享受同等的教育。为此，他们开设了这所中学，学校里的老师，很多都是志愿者，师资力量还是比较欠缺，很多条件还有待改善。随后，救助儿童会中国总监介绍中国流动儿童的情况。听到这里，布朗夫人非常认真地聆听，特别询问了在中国流动儿童是否非常地多。

根据记者的了解，在英国处于学龄阶段的孩子，哪怕是外国人，只要在英国，都有权利享受当地提供的免费的公立学校的教育。因此，这类问题在英国并不是很严重。记者因此特别询问了英国如何帮助那些犯了错，或有可能触犯法律的儿童和青少年。英国救助儿童会中国总监文德汗·詹姆斯说，在英国，国家有这类关于对待那些犯罪的儿童和青少年的服务, 通常这些服务是通过社区来提供的, 也通过学校教育的形式, 目的是预防犯罪, 或是使那些犯了罪的儿童和青少年拾回信心, 重新回到社会。社会上也有许多帮助儿童的组织。他们和司法系统、警察局、法官、社区工作者协调合作, 使那些受到调查和控诉的儿童与青少年尽可能地不被起诉, 并把他们转移到社区或学校里接受教育, 并且通过开展体育等各种活动, 帮助这些孩子重获信心。布朗夫人随行凯丽·霍尔姆斯, 代表布朗夫人补充说, 她和布朗夫人在这类组织从事过这类工作。现在, 他们主要通过学校努力帮助这些孩子, 通过和这些孩子沟通和交流, 尽可能地使他们避免犯罪或帮助孩子们解决问题, 给他们自信, 教授他们一些技能, 让他们觉得自己是有用的人, 帮助孩子回到社会当中。

记者了解到, 英国对触法儿童有"合适成年人"方法, 聘请有司法背景、教育经验的成年人, 及来自社区、学校、政府机构等的成年人志愿者为"分流"出来的未成年人提供帮助和服务, 使他们能够认识到自己所犯的错, 早日改过并尽快恢复正常的生活。

(本文发表于《法制日报》2008 年 1 月 21 日)

| 记者手记 |

让孩子们享有平等的权利和受保护的权利

随着中国经济的发展, 城市流动儿童现象日益严重, 如何保证这些孩子们享有与其他孩子平等的受教育的权利, 显得日益突出。这些孩子需要我们更多的关注。同时, 我们要如何让这些孩子, 或者让所有的孩子，健康快乐地成长，也是一个重要的问题。如何帮助他们在犯了错误的时候、沮丧的时候、可能走入歧途的时候，及时地帮助他们，让他们正确地认识自己，对自己有信心，重新回归社会。我国作为联合国的《儿童权利公约》的签署国之一，有义务遵守国际公约，保护儿童的权利。希望每一个孩子都有一个美好的童年。

12.

韦鸣恩：从平民区走出的英国华裔议员新星

| 人物简介 |

韦鸣恩　英国上议院华裔议员，2011 年成为"女王册封男爵"时只有 33 岁，成为继邓莲如女男爵和曾秋坤勋爵外，英国历史上第三位华人上议院议员，也是上议院最年轻的议员。2011 年 4 月 2 日，在凤凰卫视等 15 家海内外华文媒体和机构共同评选的"影响世界华人大奖"中，韦鸣恩还被推选为公共事务领域的获奖者。

2011 年 4 月 15 日，英国议会上议院最年轻的议员韦鸣恩勋爵到访中国，并接受了媒体的采访。韦鸣恩表示，对此次来华，他感到非常高兴，希望通过这次机会学习和了解中国的发展状况，加强英中的合作关系，也希望借此机会了解中国的公众和媒体。

4 月 2 日，在凤凰卫视等 15 家海内外华文媒体和机构共同评选的"影响世界华人大奖"中，韦鸣恩还被推选为公共事务领域的获奖者。

从平民到议员之路

韦鸣恩是第二代香港移民，父母是 20 世纪 70 年代初由香港移民到英国的。1977 年 1 月 19 日，他出生于伦敦北部的沃特福德。小学毕业以前，他一直生活在伦敦东部的平民区，小学毕业之后，全家移居到英国中部城市米尔顿·凯恩斯。1995 年，他以优异的成绩考入知名学府牛津大学耶稣学院学习现代语言专业，主修德语。

1999 年牛津大学毕业后，他进入了麦卡锡咨询公司担任商业顾问，这是一份相当有"钱途"的工作。

但是 3 年之后，他却作出了一个出人意料的决定：辞职投身社会公共事务。也正是这个重大决定，成为他人生的转折点，使他后来获得了诸多"第一"和荣耀。他成为"英国议会上院最年轻议员""女王册封男爵""卡梅伦政府顾问及'大社会'计划推动者"，已成为英国最耀眼的华人政治明星。

对于这个巨大的转变，韦鸣恩说，这也是他的"意料之外"，他并没有设想过自己会成为一名政治家。起初，他只是作为一名"商人"，但是在从事商业的过程中，他发现商业领域其实有很多机会和方法可以用来帮助他人和社会，让这个社会变得更加美好。当他与其他人交流的时候，发现许多人也有同样的想法，即可以通过商业的方法来解决社会问题。当他在公益事业领域做了许多的工作之后，他才开始联系卡梅伦以及他身边的咨询顾问。他们对于他的工作非常地好奇，也很感兴趣，他们开始从更广泛的意义上思考"社会"，以及如何应用于社会，让这个社会变得更加文明和独立。

正是这样的一个时机，才有了他后来的发展和今天的成就。

投身公益跨入政治领域

如果说，韦鸣恩是幸运的，不如说是他长期以来投身公益事业努力的结果。从他的履历来看，他和同伴创立了多家以教育、医疗为主要内容的慈善机构。

2002 年，韦鸣恩与同伴共同创立了"以教为先"公益组织，目的在于吸收、培训顶尖大学的大学毕业生，鼓励他们投身社会事业，特别是到偏远地区从事教育工作，拉开了他从事社会公共事务的序幕。9 年来，"以教为先"目前已成为英国很有名的教育培训组织，英国前 100 名的上市公司几乎都赞助过它。

2006 年，韦鸣恩加入"无保留援助儿童基金会"。这个慈善团体旨在从健康、教育和福利等方面改善儿童的生活。韦鸣恩通过自己在公益创投等方面的经验，出任基金会的新计划发展部主管，后来又任创投总监。而后在基金会的支持下，韦鸣恩创立了名为"未来领袖"的慈善项目，在旧区的中学学校发掘具备领袖潜质的教师，通过为期两年的管理训练，让他们具备出任中学校长的条件，以加强旧区的竞争力。

同时在 2006 年 3 月，韦鸣恩创立了"沙夫茨伯里伙伴团"，这是个社会企业，与慈善机构、私营企业、公共部门合作，在房屋、就业、医疗等各方面出谋献策，推动社会改革。通过沙夫茨伯里伙伴团，他还成立了"挑战网络"，这也是个独立的慈善组织，帮助人们更好地工作以及创造了许多新工作机会，对当地社区产生了重要的社会和经济影响。

之后，韦鸣恩提出了"减少政府干预、公民更多参与社会管理"的"大社会"理念。这个理念得到了卡梅伦的青睐，2010 年英国大选后，"大社会"发展项目成为新内阁的施政方略之一，而韦鸣恩则被任命为政府

"大社会"计划的高级顾问。

虽然是政府的高级顾问，但是这个顾问却是没有工资的。对此，韦鸣恩表示，他愿意为自己的社区和国家服务。在过去的几年里，他曾经在私人领域工作，也在公益事业领域工作，他非常愿意为华人社区服务或亚洲社区服务。在他的能力范围之内，他也希望能够促进英中关系的发展。

英国"大社会先生"

英国的"大社会"计划是联合政府构思的一个公民社会概念，目的在于希望通过一系列的政策，由政府下放更多权力到社区，让国民在自己的地方社区拥有更大的自决权。卡梅伦称，"大社会"是一个巨大的文化转变，公民不需要再像以前那样碰到任何问题都求助于政府，他们可以有足够的自由和能力来解决他们自己的问题和帮助社区。韦鸣恩说，正如卡梅伦所表示的，在当前经济危机下，国家不仅仅需要经济的复苏，也需要社会的复苏，而"大社会"计划正是社会复苏的重要项目。

目前，"大社会"计划已经实施将近一年的时间，政府已经进行了一系列的改革。政府将会下放更多权力到地方政府和议会，并会进一步鼓励慈善团体、社会企业等组织在社区事务上有更大程度的参与。同时，为增加政府透明度，政府将会公开更多内部资料，让国民更容易获取这些资料。

韦鸣恩在教育、医疗、人事招募和政策策划等方面皆具备经验，因此被卡梅伦委任为不受薪的政府顾问，以智囊身份专门就"大社会"计划提供意见，负责"大社会"计划的实施和建议，因此被媒体称为"大社会先生"。韦鸣恩介绍，"大社会"计划获得了越来越多民众的支持，虽然在实施的过程中遇到了一些困难，但是他相信"大社会"计划能让这个社会变得更加美好。

（本文发表于《法制日报》2011年4月19日）

| 记者手记 |

何为贵族？

33岁从一个鲜为人知的华裔成为英国的终身贵族，这确实让很多人吃惊，也让很多人对贵族有更多的好奇和联想。

这也表明，"贵族"在英国不再遥不可及，他可以是任何一个平民，这是一个"平民贵族"的时代。

英国由世袭贵族向平民贵族的转变发生在1880年。在此之前，世袭贵族才是英国文学作品中的绝对主角，他们血统高贵而纯正，恪守繁琐的礼仪，珍视尊严与荣誉，拥有大片农庄与奢华庄园，却视追逐金钱为下流的行为。然而，现实却不得不使党派们向资产阶级寻求支持，党派需要通过加封新贵，争取那些出身平凡，却在仕途与商业上积极进取的资产阶级的财力支持，以获得最多人民的选票，赢得大选。

1880年，宪法精神逐渐成为社会共识，下议院开始取代由世袭贵族占据的上议院掌握立法实权，大批出身工商业阶层依靠短期集聚的巨大财富，并被英国王室接纳为贵族。

新封贵族的名单由首相决定，女王只有同意权。英国历史上在任期内册封新贵最多的首相是劳合·乔治，1919年至1922年间，共有41人在他的举荐下获封贵族。第二次世界大战前，新封贵族占据了上议院人数的一半（世袭贵族与新封贵族自然获得上议院议员的资格，英国上议院也称为贵族院）。

然而，1958年的《终身贵族法》标志着贵族的衰落。该法使世袭贵族的名额固定，新封终身贵族则不再世袭。贵族的衰落导致上议院的权限也不断缩水。上议院不仅不再能否决下议院提案，只保留了最长一年的搁置权。与此同时，上议院议员若想参与竞选首相或进入内阁施展政治抱负，必须首先放弃贵族身份。

那么，为什么韦鸣恩能成为英国的"新贵"呢？

从韦鸣恩的现状来看，他并不富有，甚至有些贫穷，似乎与我们通常认知的，或者有权，或者有钱，或者出身高贵的贵族印象差距很大。那么他为什么会从一个鲜为人知的华裔，一跃成为英国的终身贵族，成为当时首相卡梅伦的重要智囊，并被英国王室册封为终身贵族？

他曾经在受访时说过，"虽然我出生在一个贫穷的家庭，生活可能会很困难，但只要自己努力，就可以走得很远，取得很大的成就。"他感谢那些伴随他成长的父母以及父母的朋友，教给他价值观，如何关爱邻居，如何服务民众以及长远的眼光。这些是让他不惧短期的困难阻扰，耐心地寻找真善美的东西。

韦鸣恩有着良好的教育。父母20世纪70年代初由香港移民到英国，祖籍广东，客家人。韦鸣恩1977年出生于伦敦北部的沃特福德，童年在东伦敦的平民区度过，后移居到英中部城市米尔顿·凯因斯（Milton Keynes）。由于父亲工作关系，他在一个多民族的社会环境下长大的。1995年，韦鸣恩以优异的成绩考入知名学府牛津大学耶稣学院学习现代语言专业，主修德语。

从牛津毕业后，韦鸣恩找到了一份很有"钱途"的工作，在世界排名数一数二的麦卡锡咨询公司负责风险投资。然后，在入职三年后，他决定辞去这份高薪职位，转而投入社会公共事务的事业。他曾说，我走上社会公共事务事业的初衷就是想让世界变得更加美好，很多人想成为比尔·盖茨和巴菲特，而我想成为社会创业者，令世界作出改变。

2002年，韦鸣恩与朋友一起，共同创立"以教为先"公益组织（Teach First），吸收、培训品学兼优的大学毕业生，鼓励他们投身社会，特别是到偏远地区从事教育工作，改变当地一些人不愿接受教育或教育质量低下的状况。目前"以教为先"已成为英国很有名的教育培训组织。之后，韦鸣恩又参与和创办了多个以教育、医疗为主要内容的慈善组织：无保留援助儿童基金会、"未来领袖"慈善教育组织、沙夫茨伯里伙伴团及挑战网络等，并提出了一个旨在为英国创造一种邻里关系融洽而不是各自为政的社会共同体局面的"大社会"项目。也正是因为他所做的这一切公益事业，使他为社会服务的理念和精神得到英国主流社会的认可，包括得到保守党领袖卡梅伦的青睐。2010年英国大选后，保守党成为执政党。5月，韦鸣恩被新首相委任为政府顾问，具体负责已成为政府正式决策的"大社会"计划项目。6月初，韦鸣恩被卡梅伦推荐给女王加封男爵，进入英国上议院，成为最年轻的终身议员。

从韦鸣恩的经历来看，他不像早期新贵那样拥有财富可以为党派所利用，他所可以被"利用"的是他为社会服务的精神，想让世界变得更加美好的初衷和梦想，以及为之付出持之以恒的努力。

这是否也是"贵族"所应具有的含义？贡献他人！贵族无关乎财富、金钱，而是精神、灵魂。贵族是在这个社会中可以影响他人、改变世界的精神榜样！

第三部分　观点

1.

中国在联合国发挥着重大作用

联合国是人类社会迄今为止所建立的最重要和最成功的国际组织，也是当今世界"最具代表性和权威性的政府间国际组织"。在过去 70 年里，联合国在维护世界和平与安全、促进经济社会发展、推动国际社会法治化等方面发挥了不可替代的作用。中国作为联合国的创始会员国和安理会常任理事国，发挥了负责任大国的作用，为世界和平与发展作出了重要贡献，未来也将发挥更大的作用。

2015 年是中国人民抗日战争胜利 70 周年、世界反法西斯战争胜利 70 周年，也是联合国成立 70 周年。习近平主席于 9 月 26 日至 28 日出席了联合国成立 70 周年系列峰会。在联合国成立 70 周年之际，笔者采访了华东政法大学国际法学院教授王勇，西安交通大学法学院院长、教授单文华，华东政法大学国际法学院副教授张磊，解读联合国的成就与贡献以及中国在联合国所发挥的作用。

记者：联合国成立 70 周年，应如何看待联合国成立以来取得的成就和贡献？

王勇：总的来说，联合国成立 70 周年以来，取得了巨大的成就和贡献，特别是冷战结束以后，其作用更加显著，因而是值得肯定的。

第一，联合国在维护国际和平与安全方面发挥了重要作用。迄今为止，联合国向世界动乱地区派遣总共 69 个维持和平特派团和观察团。

联合国制止了许多冲突，其中包括塞拉利昂、利比里亚、布隆迪、苏丹和尼泊尔冲突。研究结果显示，自 1990 年以来，联合国的维和行动使得全世界冲突减少 40%。

第二，联合国在促进全球经济发展方面发挥了重要作用。联合国重视在全世界提高生活水平，增进人类技能和潜力，并为此投入资源。联合国在 145 个国家驻有工作人员的联合国开发计划署，资助减少贫穷、促进治理、处理危机和保护环境的项目。联合国儿童基金会在 150 多个国家主要从事儿童保护、免疫接种、女童教育和防治艾滋病毒 / 艾滋病的工作。自 1947 年以来，世界银行还为发展中国家提供贷款和赠款，并在 100 多个国家支持了 11000 多个发展项目。

第三，联合国在人权保护方面也取得了重要成果。自从 1948 年联合国大会通过《世界人权宣言》以来，联合国帮助制定了几十项有关政治、公民、经济、社会和文化权利的全面协定。联合国人权机构通过调查个人投诉，将全球注意力集中在酷刑、失踪和任意拘留案件上，迫使相关国家政府改善人权记录。

单文华：联合国以维护国际和平与安全为主要目的，兼及发展、人权、法治等多重使命。它的不世功勋首先在于对国际和平与安全的维护。联合国自成立之初就强调以对话取代冲突，以外交取代战争，构筑了国际社会集体行动和平与安全的基础平台。为实现"维持国际和平及安全"之宗旨，联合国倡导采取"有效集体办法，以防止且消除对于和平之威胁，制止侵略行为或其他和平之破坏；并以和平方法且依正义及国际法之原则，调整或解决足以破坏和平之国际争端或情势"。

成立 70 年来，联合国有效维持了世界自二战后的基本和平与安全。一方面，联合国安理会对维护国际和平与安全负有主要责任。通过大国协调一致，联合国建立的国际集体安全机制成功地在国际政治与安全形势的动荡中避免了大规模地区和国际冲突的发生；另一方面，联合国大会为各个国家参与国际治理提供了平等和开放的平台。联合国大会、秘书处及其他联合国办事处和机构互为补充，为促进和平与安全发挥着重要作用。

发展国际法、推广国际法治一直是联合国工作的重点。《联合国宪章》序言中主张"创造适当环境，维持正义，尊重由条约与国际法其他渊源而起之义务，久而弗懈"。《联合国宪章》第二条中明确要求会员国和非会员国尊重"各会员国主权平等之原则""在国际关系上不得使用威胁或武力""以和平方法解决国际争端，避免危及国际和平、安全及正义"。联合国通过众多途径（包括法院、法庭和多边条约）和安全理事会推进该项工作。在国际和平与安全受到威胁时，安全理事会在必要时会批准维和行动、实施制裁或授权使用武力。通过国际法委员会、国际贸易法委员会等专业机构，联合国在公法和私法领域均制定了一系列国际规范，为世界法治发展作出了重大贡献。

记者：大家如何看待中国在联合国中发挥的作用和贡献？

张磊：中国是联合国的创始会员国，也是安理会常任理事国，更是一个负责任的大国。因此，在联合国的发展过程中，中国应当也的确发挥了重要作用，作出了巨大的贡献。中国作为安理会五大常任理事国之一，在维护世界和平与安全方面发挥了重要作用。例如中国在推动政治解决叙利亚问题、伊朗核谈判等重要事件中都发挥了较大的积极作用。中华人民共和国在恢复联合国合法席位之后，始终坚定维护广大发展中国家的利益。我国在百废待兴时如此，在艰苦贫困时也是如此，在逐渐富强之后还是如此，使得发展中国家在联合国的发言权和地位逐渐增多和提高。同时，中国作为负责任大国，始终支持联合国进行合理与稳妥的改革，尤其是强调改革应先易后难、循序渐进，有助于维护和增进联合国会员国的团结。

单文华：中国是现行国际体系的参与者、建设者、贡献者，一直维护以联合国为核心、以《联合国宪章》宗旨和原则为基础的国际秩序和国际体系。自 1971 年恢复联合国合法席位以来，中国一贯参与、支持、配合联合国框架下的活动。在推动世界经济复苏、政治解决国际和地区热点、应对各种全球性问题和挑战等方面，中国都没有缺席。中国是联合国安理会五个常任理事国中派出维和人员最多的国家，中国军队在亚丁湾护航、打击海盗、参与叙利亚化学武器外运等方面发挥了重要作用。中国军队在力所能及范围内向国际社会提供更多公共安全产品。

大国当负大责任。中国应以更加积极、更负责任、更具建设性的姿态参与联合国框架下的活动。联合国是推进多边主义外交、维护集体安全的首要平台，中国应以联合国改革为契机，推动构建以合作共赢为核心的新型国际关系，推动国际关系的民主化和法治化，完善全球治理结构，推动国际秩序和国际体系朝着更加公正、合理的方向发展，推动人类命运共同体的有效快速建构。

王勇：中国发挥了一个大国对于联合国应有的贡献和作用，而且这种作用在不断增强。中国积极参与了联合国的创建和《联合国宪章》的制定，并作出了重要贡献。值得一提的是，中国还获得了在《联合国宪章》上第一个签字的殊荣。

中国是联合国中反对霸权主义、维护世界和平的重要力量，中国积极支持第三世界国家提出的建立国际经济新秩序的要求，推动南北对话和促进南南合作，中国全面参与国际裁军事务，为实现全面彻底的裁军作出贡献。中国还十分重视国际立法工作，在这一领域中的活动日趋活跃，影响也日渐增大。随着中国经济发展步伐的加快，中国正在由一个政治大国向经济大国过渡，在未来的联合国事务中，中国将发挥更大的作用。

记者：在当前复杂的国际局势下，联合国未来还可以在哪些方面发挥更大的作用？

单文华：鉴于《联合国宪章》赋予的权利及其独特的国际性质，联合国应充分发挥其比较优势，坚持大国协调一致传统和国际主义理念，共同应对人类面临的共同挑战。当前国际和平与安全仍面临各种传统和非传统安全威胁的挑战。安理会作为国际集体安全机制的核心，在维护国际和平与安全上负有首要责任。在中东问题、伊朗核问题、朝鲜核问题等传统安全问题上，联合国尤其是安理会有很大的作用空间。在打击恐怖主义问题上，联合国及安理会应充分发挥主导作用，协调一致、加大信息收集与分享，切断网络恐怖传播、恐怖分子跨境流通和恐怖融资等渠道，推进去极端化等源头治理，最大限度挤压恐怖主义的生存空间。

张磊：联合国集体安全制度在应对重大事件时的反应机制需要调整。在 1994 年发生的卢旺达大屠杀中，联合国安理会对该事件的反应速度较为迟缓。这反映出联合国集体安全制度应对重大事件的反应机制存在可以改善的空间。

联合国在消除全球贫困与保障人权方面需要更多切实的办法。目前，世界上很多局部冲突和安全威胁往往源于贫困。换言之，为了维护世界和平与安全，我们应当重视消除全球贫困，因为这是标本兼治的解决办法。同时，由于种种原因，世界上还有很多人口无法得到基本人权的保障，例如退回难民、虐待战俘等。切实有效地解决这些严重侵犯基本人权的问题，不但需要法律制度的进步，更需要各国的政治智慧，而联合国是带领世界找到解决之道的核心力量。

王勇：联合国应该进一步发挥联大一般性辩论这一联合国最高讲坛的作用。联大的一般性辩论具有特殊意义，各国围绕如何实现永不再战的愿景、实现不同国家和文明和睦相处、推动国际关系的民主化和法治化、构建以合作共赢为核心的新型国际关系、建设一个美好世界、加强联合国作用等重大问题展开辩论，为世界和联合国未来指明方向。

　　总之，成立 70 周年应成为联合国再定位和再出发的重要契机。希望联合国在当前承前启后的关键时期，对各领域工作进行审评与完善，加强联合国工作效率和效力，为联合国的全面振兴注入新动力，更好地服务"联合国人民"。

（本文发表于《法制日报》2015 年 9 月 29 日）

2.

"一带一路"法律风险防控

"一带一路"沿线有 60 多个国家，每个国家的经济发展水平和政治环境不同，又有不同的法律体系，中国企业在"走出去"时，如何防控风险，使海外投资实至名归，保障自己的合法权益？记者采访了业界律师、德恒律师事务所合伙人贾怀远及德杰律师事务所合伙人陶景洲，谈谈中国企业"走出去"时，如何防控风险，保障自己的合法权益。

2017 年 5 月 14 日至 15 日在北京举行的"一带一路"国际合作高峰论坛吸引了全球的目光。"一带一路"国际合作高峰论坛成果清单涵盖了政策沟通、设施联通、贸易畅通、资金融通、民心相通 5 大类，共76 大项、270 多项具体成果。这显示了自 2013 年"一带一路"倡议被提出以来，"一带一路"建设进展顺利，成果丰硕，受到国际社会的广泛欢迎和高度评价。

中企"走出去"步伐加速

2017 年，"一带一路"建设有望成为中国乃至全球经济发展的新增长点，贸易往来、投资合作、资金融通的深度和广度进一步拓展，将有效带动国际工程承包、基础设施建设、优势产能输出、跨境电商等多个领域发展。

根据普华永道 2017 年 2 月发布的针对"一带一路"倡议（B&R）下 66 个国家和地区的资本项目和交易活动的研究报告显示，2016 年七项核心基础设施领域（公用事业、交通、电信、社会、建设、能源和环境）的项目与交易约 4940 亿美元，其中，中国占总量的三分之一。

近日，中国商务部公布最新统计数据显示，2017 年 1 月至 4 月，中国境内投资者共对"一带一路"沿线的 45 个国家进行了非金融类直接投资，累计实现投资 39.8 亿美元。中国企业在"一带一路"沿线的 61 个国家新签对外承包工程项目合同 1862 份，新签合同额 318.5 亿美元，同比增长 2.3%；完成营业额 189.5 亿美元，同比增长 5.6%。

这些统计和数据表明，"一带一路"沿线国家日益成为中国企业对外投资的热土。"一带一路"沿线国家成为中国企业承包工程的重要市场。中国企业对"一带一路"沿线国家投资潜力巨大，且对部分"一带一路"沿线国家投资增幅较大。中国企业"走出去"的步伐正在加速前进。

然而，"一带一路"沿线有 60 多个国家，每个国家的经济发展水平和政治环境不同，又有不同的法律体系，中国企业在"走出去"时，如何防控风险，使海外投资实至名归，保障自己的合法权益？记者采访了多位业界律师和专家，谈谈中国企业"走出去"时，如何防控风险，保障自己的合法权益。

风险防控法律先行

风险，是一个老生常谈的话题。无论是境内投资还是境外投资，企业都不得不首先考虑这个问题。与境内投资不同，境外投资所具有的风险和不确定性更大,产生纠纷时,如何保障自己的权益在实践中也更加复杂。

实际上,中国企业迈出"走出去"步伐要更早一些,从 2001 年开始,境外基础设施建设成为中国企业"走出去"的主要投资项目。"一带一路"倡议被提出后,中国企业在海外的基础设施建设投资数量和规模更是史无前例。

德恒律师事务所合伙人贾怀远律师,自 2003 年开始就一直从事国际工程、海外投资和争议解决的法律服务。他告诉记者,境外投资的风险主要包括政治风险、法律风险、土地风险、安全风险、支付风险、腐败风险、健康风险、环保风险。其中,政治风险主要指被投资国家的政权更迭风险。法律风险则包括当地国家法律变动问题,实践中有法不依现象及变相侵权的现象,比如国有化或征收和证照问题。土地风险则指私有化土地风险。安全风险则包括人身安全和项目安全。支付风险指现金流断裂风险。腐败风险包括项目在进行过程中所涉及的每一个权力环节的有可能存在的腐败问题。健康风险则指项目进行过程中有可能发生疾病的风险。由于当今世界越来越重视环保问题,日益严苛的环保要求也成为每一个基建项目必须考虑的问题。

美国德杰律师事务所合伙人陶景洲说,"一带一路"是一个宏伟的计划,中国企业"走出去"时会遇到政治风险、军事风险等等,这些都会影响到经济安全,即保证资金的安全和合理的回报。而保证资金的安全和合理的回报离不开法律的保障。

如何防范这些风险,贾怀远提出,企业在决定海外投资之前,需要做好以下五方面的工作:一是提前做全面而深入的法律、公司和财物的尽调;二是准确的可研报告和财物模型;三是完善各种法律文本;四是恰当设置股权比例;五是在实际中,注重央企与中国民企的结合。

然而,这些工作仅仅是个开始,也是在整个项目实施过程中和出现纠纷如何有效有力解决纠纷的重要基础。在实践中，要做好以上几点并不容易。企业需要有很强的法律意识，同时也需要一批高素质、懂专业、兢兢业业的工作人员和团队。

在陶景洲看来，中国企业"走出去"的整个过程都离不开律师的作用。首先，合同的签署是保护企业权益的重要部分，这需要律师的介入。其次，进入这个国家后在运营的过程中可能会碰到各种问题，如劳工、土地、税收、融资问题。在发生争议时需要律师的作用。如果在当地法院诉讼，则需要国际、当地的律师。如果涉及商事仲裁也需要律师发挥主要作用。再次，和当地政府发生纠纷时，如果中国与这些国家签订了双边或多边投资保护协定，那么就可以提交华盛顿解决争端投资中心，或者临时仲裁。最后，如果在当地受到不公平待遇，则可以通过双边政府在世贸组织提起诉讼。这些都需要律师发挥作用。

中企要敢打会打官司

在贾怀远看来，在海外"打官司"是一件很不容易的事情。自2004年德恒律师事务所在迪拜设立办公室以来，贾怀远一直主要负责国际工程、海外投资和争议解决三大部分的法律服务，服务项目涉及的国家也从海湾六国，到非洲、欧洲、中南美洲、澳大利亚以及亚洲。许多国家都在"一带一路"上。

每一个项目都给贾怀远留下了深刻印象，每一个项目也都具有不同的特点。在一个涉及东南亚某个国家的国际投资争议中，中国企业由于早期走出去对国际投资的法律和惯例不太了解，导致在合同文本上存在漏洞，对方利用这个漏洞和在东道国当地的种种关系，企图侵吞中国企业的合法利益。贾怀远说,这个案件过程跌宕起伏,错综复杂,他们团队用了整整一年的时间,最终胜诉,重新起草了所有的法律文件。而在某个迪拜国际工程的仲裁纠纷中,原本比较简单的工程款拖欠纠纷,最终升级到一个重大国际仲裁案件,他们历时四年,翻阅220多个证据卷宗,最终获得胜诉,仲裁庭不仅仅支持了他们的仲裁请求,并且裁定对方支付80%的法律费用。

在出现纠纷时,贾怀远说,中国人向来有息事宁人的习惯,担心诉讼与仲裁。在出现纠纷时,往往希望找关系,甚至想依赖关系来解决纠纷。但这在国际上通常是行不通的。要保障自己的权益,还是要靠专业精湛的团队,专业和口碑才是胜诉的基础,专业的团队不能改变案件事实,但可以让你胜诉的可能性发挥到极致。

在出现法律纠纷后,首先,中国企业应该全面分析和评估纠纷的原因、证据和导致的后果。其实真正的功夫还是在合同履行过程中的管理,特别是合同文本、往来信函和会议记录的管理。这些才是解决纠纷的基础。其次,尽快让律师介入,对案情进行全面的分析,并提出多种方案。

关于中国政府在"一带一路"建设过程中,能如何为中国企业"走出去"创造有利条件上,陶景洲认为,中国政府可以在多方面发挥重要作用。比如,在投资的资金方面的安排,是否有优惠贷款;比如创造一个当地比较好的公平投资环境,通过签订双边或多边投资协定,使中国企业在当地可以得到国民待遇,在经营过程中得到法律保障。而在司法协助方面,投资国是否已加入《纽约公约》,承认和执行外国裁决,如果没有加入《纽约公约》,是否可以做相关安排,使当地法院承认和执行有关仲裁裁决。

由于"一带一路"的推动,越来越多的中国企业"走出去",给中国的律师在国际工程、国际投资、融资、收购、兼并、争议解决等领域都带来诸多的机遇。贾怀远说，中国的涉外法律服务这些年取得了骄人的业绩和进步，像世界上其他国家的律师一样，中国的律师涉外法律服务也是跟着中国"走出去"逐渐发展起来，也是一个学习和发展的过程。因此，中国目前需要更多这方面的专业人才。

3.

中非合作迎来新时代

在 2015 年 12 月的中非合作论坛约翰内斯堡峰会上，国家主席习近平发表题为《开启中非合作共赢、共同发展的新时代》的致辞。习近平指出，中非合作发展互有需要、优势互补，迎来了难得的历史性机遇。峰会将中非关系提升为全面战略合作伙伴关系，确定了政治、经济、文明、安全和国际事务"五大支柱"，推出"十大合作计划"并提供 600 亿美元资金支持等务实举措，开启了中非合作共赢、共同发展的新时代，在中非关系史上具有重要里程碑意义。

自 2000 年中非合作论坛建立以来，中非之间的贸易额取得了快速的增长。数据显示，中国已经连续六年稳居非洲第一大贸易伙伴国。2014 年中非贸易总额达到 2200 亿美元，是 2000 年中非合作论坛启动时的 22 倍。非洲已经成为中国企业对外投资合作的热土之一。

目前，越来越多的中国企业和中国人到非洲进行投资或经商。非洲有 54 个国家，每个国家的情况都不相同，在自然环境和法律环境等方面都有明显的差异。中国企业到非洲投资应该注意哪些问题？如何把控风险？记者采访了中国社会科学院西亚非洲研究所教授朱伟东。

中非优势互补经贸成果丰硕

非洲拥有丰富的自然和人力资源，正处于工业化的兴起阶段。而中国经过 30 多年的改革开放，拥有技术、装备、人才、资金等物质优势。

越来越多的中国企业和中国人之所以到非洲投资或经商，在朱伟东看来，主要有两个原因：一是中非之间具有深厚的传统友谊，长期以来，中非双方都坚持真诚友好、平等相待，这为中非双方经贸发展奠定了良好的政治和民意基础；二是中非之间的经济具有很强的互补性，这为双方在经济方面实现合作共赢提供了难得的历史机遇。

具体而言，在非洲投资具有五大优势。一是市场优势。非洲市场潜力大，非洲有 11 亿多人口，中产阶级数量增长较快，有很强的消费需求。

二是资源优势。非洲大陆总体来说资源丰富，拥有世界上最重要的 53 种矿产和一些稀缺战略资源，被誉为"世界资源宝库"，许多非洲国家有丰富的矿产资源、自然资源、土地资源等。

三是劳动力成本优势。非洲劳动力人口较多，工资水平较低，国内一些劳动力密集型企业就可选择到劳动力成本相对较低的非洲国家进行投资。

四是政策优势。中国政府重视对非投资和贸易，采取措施鼓励中国企业和中国人到非洲投资，例如，中国先后设立了中非发展基金和中非产能合作基金，为中国企业在非洲投资和进行产能合作提供资金支持。

五是区位优势。在非洲投资办厂的中国企业可以利用非洲国家与欧盟和美国等西方国家签订的优惠贸易协议，将产品销往欧美市场。

在这五大优势的支撑下，15 年来，中非经贸合作成果丰硕。中国已连续 6 年成为非洲第一大贸易伙伴国，中非贸易额已连续两年突破 2000 亿美元大关。2014 年中非贸易总额和中国对非洲非金融类投资存量分别是 2000 年的 22 倍和 60 倍，中国对非洲经济发展的贡献显著增长。

做好市场调研了解当地法律

截至 2014 年年底，在非中国企业已超过 3000 家，投资领域横跨自然资源开采、金融、基础设施、发电、纺织品、家用电器等多产业。中国对非投资增速明显高于贸易增速，中非经贸合作结构也正在不断优化和升级。

但是，投资就有风险。虽然非洲是投资热土，但投资非洲并非一定就能盈利。非洲有 54 个国家，每个国家的情况都不相同，在自然环境和法律环境等方面更有明显差异。朱伟东说，大部分非洲国家有丰富的资源，但也有一些非洲国家资源匮乏；有的非洲国家是普通法系国家，有的非洲国家是大陆法系国家，还有的非洲国家可以归入到混合法系国家，如南部非洲的一些国家。对于那些资源丰富、法律制度健全的非洲国家，当然更容易吸收外来投资，而对于资源匮乏、法律制度不健全的非洲国家，吸收外资就相对困难一些。

因此，在投资非洲前，一定要做好非洲市场的调研与分析，并结合自己的实际情况，慎重考虑后再作出投资的决定。

对于那些已经在非洲投资的中国企业，朱伟东提醒到，第一一定要遵守当地法律，尊重当地的风俗习惯；第二要随时了解非洲当地法律、政策的变化，并及时作出相应调整；第三要积极参与当地的公益活动，履行企业社会责任，构建良好的社区关系；第四要尽可能实现本土化经营，例如吸收当地员工入股或吸收当地员工加入企业管理层，这样既可以调动当地员工的积极性，也便于与当地政府进行沟通和联系，有利于得到当地政府的支持与帮助。

建立基建投资风险预警机制

当前，中非已开始就"三网一化"合作全面对接，中方融资并承建的亚的斯亚贝巴-吉布提铁路、蒙巴萨-内罗毕铁路将分别于 2016 年和 2017 年完工，成为重要的早期收获。非洲已连续多年成为中国第二大海外工程承包市场，中国也成为非洲基建投资的最大资金来源国。

对于如何防控基础设施建设投资中的法律风险，朱伟东指出，中国企业在进行基础设施建设的相关投资中，第一，要了解该国的政治环境。由于基础设施建设项目周期较长，投资东道国政治环境是否稳定将在很大程度上决定着建设项目的成功与否。

第二，中国企业要了解非洲国家的基础设施建设需求及相关政策，使自己的投资项目能够与非洲国家的需求一致，这样才能得到非洲国家政府的支持。

第三，中国企业要了解非洲国家有关基础设施的相关法律规定，注意利用法律手段维护自己的权益。非洲很多国家都制定了有关基础设施建设的法律制度，还有许多非洲国家制定了 PPP 项目的立法，了解这些立法有助于中国投资者清楚自己的权利和义务，以免在日后陷入被动局面。

第四，中国企业要通过谈判手段，在合同中明确双方的权利和义务，同时针对基础设施建设项目的特殊性以及非洲国家的实际情况，可以在合同中加入法律稳定条款、再谈判条款等，尽量防范因非洲政局不稳、经济形势变化较快所带来的风险。

第五，在非洲进行基础设施项目投资时，中国投资者应尽量在中国出口信用保险公司或多边投资担保机构进行投保，以尽量减少因相关风险的发生所带来的损失。

第六，中国企业要建立并完善在非洲投资的风险预警机制，提前对可能出现的风险进行评估、识别和防范，以便在风险发生时能够及时采取相应的措施。

此外，在非洲投资基础设施项目的中国投资者也应注意与当地社区维持良好关系，与中国大使馆保持沟通与联系等。

民众热切希望中企到非投资

中国在非投资的快速增长并非没有争议。近年来，随着中国在非洲投资的增加，引起了一些西方国家的嫉妒和不满，他们故意散布"新殖民主义"论调，来攻击和污蔑中国在非洲的投资，妄图阻挠和破坏中非经济合作的良好发展。比如，部分西方媒体时不时采用耸人听闻的标题报道："非洲：中国的野生高峰""中国在非洲：投资或剥削""克林顿警告非洲的'新殖民主义'"。

对此，朱伟东指出，西方媒体的这种指责罔顾事实，毫无根据。中非经济合作带动了非洲国家经济的发展，增加了当地的就业，极大地提高了当地人民的生活水平。

中国在与非洲开展经济合作时，一直践行真实亲诚的政策理念和正确的义利观，中国的做法得到非洲国家官员和民众的赞赏和肯定。很多非洲国家领导人都对西方国家提出的"新殖民主义"进行了驳斥，其中南非总统祖马在约翰内斯堡峰会上接受中国新华社记者采访时的发言也许最具代表性，他说中国是在帮助非洲发展，而不是在掠夺资源和殖民非洲，西方国家曾经在非洲大陆掠夺资源，部分西方国家就是依赖非洲资源而致富。

朱伟东说，从他接触的一些非洲学者和民众来看，他们也都认为西方抛出的"新殖民主义"是无稽之谈，十分可笑，中国在非洲投资为他们提供了便利的交通设施，增加了就业机会，改善了生活水平，他们热切希望能够有更多中国企业到非洲投资。

在新形势下，中国提出的"一带一路"倡议也将进一步加强中非合作。朱伟东说，"一带一路"的五大合作重点是实现政策沟通、道路联通、贸易畅通、货币流通和民心相通，这与非洲国家在"2063 年愿景"中提出的实现"非洲梦"的战略构想是相契合的。中国的"一带一路"倡议可以推动非洲国家基础设施建设，推进非洲地区一体化的发展，加速实现非洲"2063 年愿景"，也为中国企业实施"走出去"战略、扩大对外投资提供了难得的历史机遇。

（本文发表于《法制日报》2016 年 4 月 30 日）

4.

中美贸易摩擦是一种常态

纵观中美贸易关系，我们发现中美贸易摩擦是一种历史常态。如何在贸易摩擦中为自己争取利益似乎才是一种明智之举。

美国商务部 2009 年 11 月 24 日作出终裁，以中国油井管存在补贴为由，宣布将对相关中国输美产品加征 10.36% 至 15.78% 的反补贴关税。该案涉及金额约 27 亿美元，被称为迄今为止美国对华贸易制裁数额最大的一起案件。

历史常态

然而，这绝不是美国对中国发起的最后一起贸易制裁案件。自中美 1979 年缔结第一个贸易协定以来，中美经贸关系经历了多次贸易摩擦。虽然中国 2001 年 12 月 11 日加入世界贸易组织（WTO）后，美国同意给予中国永久正常贸易关系待遇，但是这并不意味着中美之间的贸易关系就会风平浪静。

事实上，在中国入世后不久，即 2002 年 3 月，美国总统布什就签发总统令，对包括来自中国在内的钢材、长板等进口的主要钢铁品种，实施为期 3 年的关税配额限制或加征高达 8% 至 30% 不等的关税，影响到中国 315 亿美元的钢材出口。2003 年 5 月，美国纺织品生产商协会向美国纺织品协议执行委员会提出申诉，要求对从中国进口的针织布、胸罩、手套、浴袍和纺织面料制造的行李箱等 5 种已经取消配额限制的产品重新设限。2003 年 6 月 16 日，美国国际贸易委员会初裁中国彩电向美国倾销成立。2003 年 9 月，一批来自共和、民主两党的国会参议员提出了一项法案，要求对进口自中国的产品一律征收与人民币币值的低估幅度相当的 27.5% 的关税。2003 年 11 月 18 日，布什政府正式宣布将对从中国进口的针织布、胸罩、浴袍实施配额限制等。

由于全球经济危机的影响，美国 2009 年更是对中国产品发起了更加有恃无恐的贸易保护措施。据中国商务部统计，2009 年，美国已对中国产品发起 10 余起"贸易救济调查"。在刚刚过去的一个月里，美国对华贸易保护行为持续升温。11 月 3 日，美国商务部初裁对中国输美金属丝托盘实施惩罚性关税；4 日，美国就所谓的中国原材料出口问题请求世贸组织设立专家组；5 日，美国商务部初步裁定对从中国进口的油井管征收反倾销税；6 日，美国国际贸易委员会一天之内对三起涉华贸易案作出初步裁定，其中有两起涉案产品将面临反倾销与反补贴关税惩罚。11 月 24 日，美国商务部作出终裁，以中国油井管存在补贴为由，宣布将对相关中国输美产品加征 10.36% 至 15.78% 的反补贴关税，涉及金额约 27 亿美元，被称为迄今为止美国对华贸易制裁数额最大的一起案件。

内外因素

其实，贸易保护主义无论对中国还是美国都没有好处。一个很显然的结果是，贸易保护主义会导致美国的物价普遍上涨。但是，为何美国要频频对中国挥舞贸易保护主义的大棒呢？究其原因，主要有以下三个方面：

第一，国际经济危机的影响。由于国际金融危机的影响，使得原本就敌不过他国同类产品的美国某些夕阳工业，如钢铁业、纺织业等，面临着更大的竞争压力。在这种情况下，有可能造成一大部分人的失业。因此，这些工业经常寻求美国政府的保护。

第二，政治因素。奥巴马属于民主党，较共和党更多地代表工会的利益。2010年又逢美国国会中期选举，而2012年奥巴马还要争取连任，为获得一部分工人的支持，奥巴马不得不屈从于国内这些弱势行业的压力，而采取贸易保护措施。其中最常见的就是实施反倾销和反补贴措施。

第三，严格上讲，美国政府所采取的这些措施并不一定违反WTO的规则。中国在加入WTO时，《入世议定书》规定在中国入世后的15年内美国可以保留继续将中国视为非市场经济国家，并可采取相应的反倾销措施和专门针对中国产品进口的过渡性保障措施。因此，中国产品在美国更容易成为贸易保护主义的对象。

应对措施

自中国入世后，中美贸易摩擦不断，由于2008年的全球经济危机，这种摩擦似乎愈演愈烈。可以预计，中美之间贸易摩擦还会不断发生而成为中美贸易关系的一种常态。

但是这种摩擦是否会引发两国间的贸易大战还很难说。中美经贸关系具有一定的互补互利、互相依存的关系。中国需要美国的知识、技术和资本，美国也需要中国价廉物美的产品来满足国内需求。之前发生的特保案以及这次的油井管反补贴案也不一定违反WTO规则，中国对美国的反倾销和反补贴也没有违反 WTO 规则，大家还是在规则内采取行动。应该说双方是在相互试探，看看对方的底线如何。而且，自中美 1979 年缔结第一个贸易协定以来，中美经贸关系经历了多次贸易摩擦，但不管经历怎样的波折，都无一例外地达成协议避免贸易战的最终爆发。

面对美国的贸易保护措施，中国可以根据世贸规则据理力争。世贸组织提供了一个多边体制框架内的贸易争端解决机制。美国只要实行明显的保护主义，中国就有权利用该机制磋商，寻求解决方案。如果磋商未能成功，还可要求设立专家小组来审理争端。

除此之外，中国还可以采取的措施是向美国解释中国对美出口的互利性质。

另一个更有效的方法是通过与美国相关利益集团建立联盟，对美国政府施加影响，以期获得有利于中国产品对美出口的结果。比如，中国企业可以与那些与自己有共同利益关系的美国企业及相关行业建立紧密的联盟，并通过这种联盟，为中国产品对美出口找到政治上的支持，从而影响美国国会和政府作出有利于中国出口企业和有关行业的决策。

贸易保护主义从长远来看会对贸易双方及国内消费者造成伤害。1929 年开始的全球贸易大战使世界经济陷入长达 10 年的大萧条。面对美国发起的贸易保护措施，中国除谴责与质疑之外，更应采取积极的措施应对，抑制贸易保护主义的恶化。

（本文发表于《法制日报》2009 年 12 月 1 日）

第四部分　游记

1.

德　国

从制度设计看德国人的历史担当

2014 年 11 月 30 日至 12 月 20 日，笔者前往德国培训、访问，了解德国政治制度、社会治安及法制建设。在这 20 余天的参观和采访中，让记者印象深刻的一点是，德国人对历史的反思，特别是对德国纳粹所犯下罪行的深刻反省以及如何防止历史重演。

12 月 13 日恰逢中国首个侵华日军南京大屠杀死难者国家公祭日。在这个特殊的日子里，中国国家主席习近平发表重要讲话，"忘记历史就意味着背叛，否认罪责就意味着重犯。我们不应因一个民族中有少数军国主义分子发起侵略战争就仇视这个民族，战争的罪责在少数军国主义分子而不在人民，但人们任何时候都不应忘记侵略者所犯下的严重罪行"。

而在德国 20 余天的参观和采访中，让记者深深感受到了德国人是如何铭记那段不堪的历史、如何反省为何德国会产生那样严重的罪行以及如何在之后的政治、法律体制的建设中防止历史重演。而这种反思的精神不仅仅政治家们有、立法者有，即使是普通的民众，也是对这段历史勇敢面对，而不是遮遮掩掩。

在参观德国历史博物馆时，有一个模型引起笔者的注意。这是一个描述当时纳粹如何在集中营中屠杀犹太人的。来自历史博物馆的讲解员介绍到，希特勒掌权之后，推行种族分类概念，有纯粹德国血统的德国人是最上等的人，而犹太人则是最低级的人。当时许多犹太人被抓起来用卡车或火车运往集中营并进行分类，那些壮年的男人被抓去充当劳力，而那些患有重病的男人、女人、小孩和老人被赶到集中营，他们在没有被告知的情况下，被赶到更衣室要求脱去身上所有衣物和佩戴的饰品，然后要求洗澡，最后被赶到一个密室，这个密室屋顶的喷头喷出毒气将所有人在 30 分钟之内毒死。这样的集中营每次可以容纳 3000 人。被毒死之后，这些尸体被处理，头发被用于工业生产。这样一个集中营大约残害了 100 万犹太人，而整个欧洲大约有 600 万犹太人被残害。讲解员最后强调，这就是种族歧视的结果。

这个模型生动地再现了犹太人被残害的场景，我想所有参观历史博物馆的人都会被这样的模型所震撼，尤其是那些德国的小孩子们。这种承认的勇气以及教育后代的效果是不言而喻的。

为了防止历史重演，德国人不仅在思想上反思，在行动上和国家制度设计上也进行重构，目的在于防止德国历史上曾经犯下的错误。在培训过程中，无论是来自法兰克福大学的教授，还是来自黑森州行政学院的教授，在介绍德国历史和政治制度的时候，总能听到一句话，"这样设计是为了防止德国历史上曾经犯下的错误"。从教授们介绍的口吻当中，你可以感受到，德国人对这段黑暗的历史毫不遮遮掩掩，相反，他们为能正视这段历史，并在制度上进行防范而感到自豪。

在反思为何出现纳粹政府时，法兰克福大学的克纽泽教授说道，之所以出现纳粹政府，除了因为当时德国出现经济危机，失业率高企外，还因为当时德国国家总理权力太小，而总统的权力过大。而且希特勒上台后，总揽警察权，之后又通过各种法律形式总揽大权。为了防止历史重演，《德国基本法》第 20 条规定四大基本点，即民主、法制、福利、联邦国家。这四点又称为"永久保证"，即无论宪法如何修改都不能违背这四个基本点，目的都是为了防止德国再次出现历史上曾经黑暗的一页。德国政府分为三级，即联邦政府、州政府及市镇政府，根据权力下放的原则，最低级政府尽可能享有最大的自治权：即若某个决议影响本镇居民，则决议由当地政府决定。同时，德国政府对警察是没有领导权的。警察的主要指挥权在警察署。而联邦国防军不可以在本国领土上活动，本国事务由警察处理，军队无权介入。克纽泽教授还介绍到，默克尔总理曾向联邦宪法法院提出，如果出现类似"9·11"恐怖事件，能否使用国防军，日前宪法法院已经否决了默克尔的请求。

除了在制度设计上防止历史重演外，德国的民众对这段历史也是毫不避讳。我们在德国的向导的爱人是德国人。他给我们讲了一个他爱人亲身经历的一件事。他爱人小时候曾经到一个犹太人开的糖果店买糖果，但是当她用德语向糖果店的老太太买糖果时，老太太却装作没有听见，回来后，问她母亲为何老太太是这样的态度，她母亲解释道："这是因为你父亲是德国人，而德国人当年曾经对犹太人犯下严重的罪行，下次你买糖果的时候用英语说就可以了。"尽管这只是一个很小的故事，但是却从一个侧面反映了德国民众时刻铭记这段历史，并且能够理解受害种族之后所表现出的有些"敌视"的态度。

我想，德国之所以能够从那段历史中走出来，并且现在在欧洲发挥着举足轻重的作用，除了德国人勤劳严谨之外，与其承认历史、勇于承担历史责任也有很大的关系。只有接受过去的人，才有能力开创美好的未来。

（本文发表于《法制日报》2014 年 12 月 23 日）

感受"德国制造"魅力：源于规则的遵守

许多来到德国的游客，总要带几件"德国制造"的东西回去，这不仅仅是因为标有"德国"的纪念意义，更是因为"德国制造"是产品可靠、耐用、安全、精准的代名词。

在从北京飞往德国法兰克福的飞机上，记者便首先感受到了"德国制造"的魅力。坐在邻座的一位经常到德国出差的旅客，便向记者介绍到德国该买什么东西，从刀具、锅、各种厨房用品到剃须刀、皮具，只要是德国当地品牌、当地制造的东西都值得购买，相比国内物美价廉，而且可以用上一二十年，甚至可以世代相传。

另一件有趣的小事是，与记者同行的一位团员，因为"一不小心"买了"意大利制造"的刀具，尽管品牌相同，仍然要"费心"地返回商店，要求更换标有"德国制造"的刀具。尽管从表面上看，无论意大利制造还是德国制造并无不同，但是在所有人心目中，德国制造的分量比意大利制造要大得多。

为什么"德国制造"有如此大的魅力？这种影响力已经不是简简单单某个权威机构的认证而获得，而是对"德国制造"的这种信任已经深入人心，而且在世界上树立起了标杆。作为一名中国人，在当今"中国制造"已经"走天下"的时代，对"德国制造"的这种影响力油然地产生钦佩之情，并期望在未来的某一天，"中国制造"也能这样"昂然"地走向世界，成为各国民众争抢的对象。

"德国制造"是如何保持这种影响力呢？在接下来的20余天的行程中，记者一直带着这个疑问，最终有了些许答案。

也许大家并不知道，"德国制造"并不是从一开始就是"高质量"

的代名词，它也曾是"假冒、低劣"产品的标志。由于经历两次世界大战，德国经济遭到重创，工业革命的道路要比法国、英国等晚了几十年。为了发展经济，当时德国人通过剽窃设计、复制产品、伪造商标等手法，不断仿造英、法、美等国的产品，以廉价的商品冲击市场。在1876年的费城世博会上，"德国制造"被评为"价廉质低"的代表。而且，在1887年，英国议会通过新《商标法》条款，要求所有从德国进口的产品都须注明"德国制造"，以此将劣质的德国货与优质的英国产品区分开来。

之后，德国人开始反省，经过100多年的努力，终于将"德国制造"改头换面。在记者看来，这种成功的"改头换面"不仅仅源于德国人本身的民族性格特点，更是源于对规则的遵守。

德国人是善于反省的民族，正如其对第二次世界大战期间犯下的严重罪行的反思一样，其对产品高品质的追求已经深入人心。对产品高品质的追求，需要对产品施行严格的标准，并且贯彻之。中国人说"相由心生"，这或许从德国人棱角分明的长相就可以看出。对标准的制定和严格施行到了一定程度，有时难免就有"固执"和"死板"的印象。

2014年12月14日，记者前往德国沃尔夫斯堡，参观大众汽车工业园。一进入园区，即被园区现代化的设计和专为孩子们设计的游乐场所吸引。原来以为汽车工业园只有汽车或机械展示，没想到还有如此大的游乐场，许多家长带着孩子们来参观游玩。这种人性化的设计，不仅拓展了工业园的多元化发展，更让下一代年轻小朋友们从小感受"德国制造"的严谨与精准。

园区两栋高耸的圆形玻璃塔柱尤为引人注意。这是一个存放汽车的地方。成百上千辆汽车被层层环绕"叠放"在一起，通过中间一个高速运输平台，精准地犹如摆放玩具似的将汽车从一层放到楼上任何一层的任一方格；同样地，上层任一方格中的汽车也可以被精确"取"下来。

2014年12月，德国沃尔夫斯堡大众汽车工业园的存放汽车的圆形玻璃塔柱。

这一现代宏伟的设计让记者看得眼花缭乱，抬头望去，几乎看不到屋顶，这塔有几十层楼高！记者不禁感叹设计的精准与机械化，而且高度节省空间，倘若未来停车场如此设计，想必能节省不少土地资源。

德国人对于规则的遵守不仅仅体现在产品的生产上，而且体现在生活的各个方面。记者在德国20余天的行程中，没有碰到过一起交通事故。大家知道，德国是个高速路上不限速的国家，但是在高速路上却没有碰到过一起事故。而在市区，比如法兰克福、汉堡、柏林，即便在交通高峰期，也几乎看不到车辆之间抢道和加塞的情况，各车均在各自车道上行驶，而且注意避让。

由于12月是德国的圣诞季，在各大小城市的市政大厅前的广场上都开辟了各种圣诞市场，卖各种圣诞物品、酒和香肠。许多当地居民和游客都来这里相聚游玩，那场面犹如国内的"庙会"。但是，与国内不同的是，各种小店整齐规划，地面整洁干净！

我想，任何文化的形成都有其底蕴和沉淀，德国用了近百年的时间将"德国制造"重新诠释和演绎，那么，已经成为世界工厂的中国，如何将"中国制造"进行华丽蜕变，则是我们这一代人，甚至下几代人的共同使命。而在实现这一使命的过程中，对规则的遵守则是一条重要的秘诀。

（本文发表于《法制日报》2014 年 12 月 30 日）

再见柏林墙：包容团结铸就统一强大

来到德国柏林的游客几乎都会到柏林墙遗址参观。柏林墙已经不再是当初的模样，1989 年柏林墙被推倒后，如今只有少数几处能看到柏林墙的残迹。记者来到施普雷河沿岸奥伯鲍姆桥附近参观了一段柏林墙遗址。这段短短 1 公里多的墙东面上已经形成了露天画廊。

1990 年 9 月 28 日，来自 21 个国家的 180 位艺术家在长达 1316 米的柏林墙上，创作了不同主题的绘画。而其中最著名的作品是莫斯科艺术家迪米特里·弗鲁贝尔的《兄弟之吻》。这是一幅描绘苏联领导人勃列日涅夫亲吻民主德国战友埃里希·昂纳克的画作，是根据 1979 年苏联领导人勃列日涅夫和民主德国战友埃里希·昂纳克会面时的一张照片绘制而成。

这面墙上布满了各种涂鸦，形成了一道亮丽的风景线，许多游客都在这里驻足留影。沿墙走过，记者还惊喜地发现中文涂鸦，显然到此的中国游客不少！

虽然柏林墙不复存在，但是其历史意义却不言而喻。柏林墙的正式名称为反法西斯防卫墙，是民主德国（东德）在己方领土上建立环绕西柏林边境的边防系统，目的是阻止民主德国（含首都东柏林）和联邦德国（西德）所属的西柏林之间人员的自由往来。

柏林墙始建于 1961 年 8 月 13 日，全长 155 公里。最初是以铁丝网和砖石为材料的边防围墙，后期加固为由瞭望塔、混凝土墙、开放地带以及反车辆壕沟组成的边防设施。

柏林墙修筑前，约有250万民主德国居民逃离民主德国，他们中的许多人通过西柏林前往联邦德国和其他西欧国家。柏林墙的建立是冷战期间美国和苏联两大阵营之间冲突导致的，它是第二次世界大战后德国分裂和冷战的重要标志性建筑，也成了分割东西欧的"铁幕"的一个象征。

1989年，随着东欧剧变的发生，民主德国出现大批公民外逃现象，政局发生动荡。1989年11月9日，民主德国政府宣布允许公民申请访问联邦德国以及西柏林，当晚柏林墙在民主德国居民的压力下被迫开放。1990年6月，民主德国政府正式决定拆除柏林墙。1990年10月3日，分裂41年的两德统一。

如今，柏林墙已经不在了，东西德的统一也铸就了现今强大的德国，如今的德国人对于统一是肯定的，因为德国人相信，只有统一团结才能更加强大。当然，为了统一，德国人是付出"代价"的。

我们知道，由于历史的原因，东西德的发展并不一致，西德的经济状况、基础设施、人民生活水平要比东德高得多。为了促进东德的发展，联邦政府颁布相关法律，加快东德的基础设施建设和经济发展。经过20多年的建设，德国联邦政府投入大量金钱和精力，目前有些东德基础设施建设甚至要高于西德。在记者走访过程中，发现确实如此。如今，东西德的基础设施差异已经不大，而且由于东德因新建的原因，一些楼房和设施要比西德一些地区还先进。

那么，建设资金从哪里来呢？其中的一部分资金来自团结税，所有的德国人都要缴纳团结税，直接从工资中扣除，原先为工资的7.5%，现在稍微降了点。由于东德目前的发展，有人提议废除团结税，但是总理默克尔已经表态说不行，团结税必须延续到东德达到西德的水平才行。根据目前的发展状况，这就意味着团结税至少会持续到2019年。

2014年12月5日，记者走访了位于德国法兰克福的和平反冲突基金会，该基金会是以科研为主的非政府组织，主要致力于与"和平"议题有关的各种研究项目。来自该基金会的本斯基博士向记者介绍了德国社会矛盾的情况。本斯基博士说，德国目前主要有4种冲突：一是资本家与工人的冲突，这是传统矛盾，主要是企业家、农场主与工人阶级的冲突；二是由于个人独立、自由而产生的如性取向、毒品等方面的冲突；三是全球化发展导致的新矛盾，如移民文化的冲突；四是因经济发展而产生的穷人与富人之间的矛盾，如东西德之间的矛盾。但是，本斯基博士强调，这些矛盾冲突都不能看成是问题，而应该作为社会改变革新的动力。

这让记者有些惊讶。通常，我们对矛盾冲突总是带有敌视或讨厌的态度，而鲜有以包容的态度来面对冲突，因此在解决矛盾时，总是想着消除掉这些矛盾，而不是如何来"承担"这些矛盾。本斯基博士说，社会矛盾是时刻存在的，我们研究的是如何来"承担"这些矛盾，让它们健康地"走"下去。德国学术界在研究如何承受这些矛盾时，更认同以非暴力、民主的方式来承担。

因此，东西德统一后，尽管在经济发展上存在巨大的差异，尽管东西德至今仍然存在矛盾（有些人认为应该取消团结税，因为团结税不能使西德人受益），但是德国社会仍然"包容"地看待这些矛盾，寻找合适的方法来承担这些矛盾冲突，而不是"排挤"，因此才有了东西德统一之后的和谐发展与共同进步，才有了如今强大的德国。

其实，社会的发展何尝不是如此！随着改革开放的步伐不断深入以及经济全球化的发展，总会出现这样或那样的矛盾与冲突，甚至这些矛盾冲突是不可避免的。但是，如果我们能以"包容"的态度来看待这些矛盾，以和平的方式来承担这些矛盾，让这些矛盾"健康"地发展下去，那么矛盾就不再是矛盾，冲突也不再是冲突。德国以"包容"的方式实现了东西德的统一与融合，这对我们未尝不是一种很好的启示！

（本文发表于《法制日报》2015 年 1 月 6 日）

德国最大法律专业期刊——《新法律周刊》

2012 年 11 月 13 日，经过五六个小时的颠簸，我们来到了位于德国法兰克福的贝克出版社旗下的《新法律周刊》编辑部。由于是德文期刊，对《新法律周刊》我们知之甚少，因此对这次拜访充满期待。在前一天跟德国联邦司法部的国际法律合作处处长 Mathias Hellmann 先生座谈时，Hellmann 先生还特别提到了《新法律周刊》，说这个法律周刊是德国最有名的法律刊物之一。而我们要拜会的《新法律周刊》负责人 Tobias Freudenberg 先生跟他是朋友，他介绍说这是 Freudenberg 先生第一次与中国的媒体朋友会面，他相信我们这次拜访《新法律周刊》会很有收获。

从柏林驱车来到法兰克福时，天色已晚，冬日的欧洲，下午三四点钟就已暮色降临。寻找到《新法律周刊》的地址，这不过是位于法兰克福市中心的一处三四层楼高的普通建筑物，门口挂着印有周刊标志的门牌号，不是特别显眼。

Freudenberg 先生到门口迎接我们，随后带我们来到了一间会议室。一进来，就马上感受到了主人的热情，桌上精心摆放着不同的饮品和点心，有咖啡、茶和饮料，还有饼干。

"你们好！我是 Tobias Freudenberg，是《新法律周刊》的负责人。

今年 39 岁……"一阵寒暄过后，Freudenberg 先生开始了自我介绍。
当听到自我介绍年龄时，记者们有些诧异，因为第一次在这样的场合
听到负责人这样介绍自己，记者们禁不住开始仔细打量着眼前的这位
帅哥。老实说，Freudenberg 先生并不是典型德国人的那种棱角分明的
长相，反而有些像英国人。虽然这样的介绍，有一点吃惊，却也让人
感到亲切，更让我们看到 Freudenberg 先生的真诚，交流一下子没有了
距离感。

没有一个法律人没读过它的书

《新法律周刊》只是贝克出版社出版的 7000 余种刊物之一。
Freudenberg 先生说，贝克出版社由 Carl Gottlob Beck 建于 1763 年，是
德国历史上最悠久的、最大的出版社之一，拥有超过 1700 个雇员，怪
不得之前我们曾听说，在欧洲没有一个法律人没有读过贝克出版社
的书。

当前，贝克出版社是一个公司集团，多个德国大城市专业书店的股
东，同时拥有多个德国和其他国家，包括波兰、罗马尼亚、瑞典等法律
出版社的多数股份。

贝克出版社的出版业务主要分为两大部分：法律—税务—经济部
分，以及文学—非小说—科学部分。贝克出版社的书目达 7000 个，其
中还包括众多的电子出版物，以及大约 50 种专业期刊，每年增加超过
1000 种新出版物和新版本。书目内容包罗以下各类书籍：文献、评注、
教科书、历史题材以及人类学、文学、语言学、宗教、哲学、政治、社
会学、艺术学和建筑学等方面的专著。拥有超过 100 个科学和期刊编辑
和超过 4500 个作者。

出版社总部设于慕尼黑。书本和杂志出版机构位于南部诺林根，法
兰克福的机构则主要作为大部分法律期刊的编辑室。

德国最大的法律专业期刊

《新法律周刊》于 1947 年在法兰克福创刊，前身是德国法官协会的《法律周刊》。这并不是严格意义上的学术期刊，而是主要针对律师群体的法律执业和实践的期刊，具有较强的实践指导意义。顾名思义，《新法律周刊》每周出版，是德国最大的法律专业期刊，拥有 40000 册的发行量，读者超过 10 万人。其中，有超过 65% 的读者为律师。在各大学的图书馆中也收藏有周刊。《新法律周刊》同时也是法庭令和法律著作中引用最多的期刊，而"引用"则是表明期刊成功与否的标志之一。要知道，这在德国可是一个不小的成绩，因为德国大约有 300 种法律期刊。而且，有 10—15 个出版公司主要出版法律期刊。

目前，《新法律周刊》雇有 17 名编辑，同时拥有外部专家队伍，包括法官和律师，涵盖法律各个领域。期刊内容的选定是通过集体讨论确定的，每两个星期编辑们会在一起讨论案例的选取，每个月会讨论当前法律发展和可做的选题。期刊的文章有 60% 以上是邀请外部教授、法官、律师所写。

除了周刊，Freudenberg 先生介绍到，还出版《新法律周刊》特别专刊，每两周一次，对新近的主要案例进行概览，需要法律实践特别关注；ZRP，对当前的立法活动进行点评；《新法律周刊》－ RR，对文献的归档或收集最高法院案例。同时，由于现在的律师大多都专于某个领域，因此《新法律周刊》还出版有针对各个不同领域的姐妹刊，包括劳动法、公司法、房产法等。除了纸媒以外，《新法律周刊》建有周刊数据库，所有期刊出版的案例全部归档在内；《新法律周刊》—CD，对当前案例的点评；网站还包括当天新闻和其他有用的信息。

《新法律周刊》主要集中在三方面的内容：一是法律发展的概述；二是学术上的深度点评；三是法律使用者需要的有用信息及专业实践。具体而言,《新法律周刊》有以下几个部分:长篇文章,对当前法律议题或法治发展进行评述和分析;对重要判决的分析;对常规会议的报告,并对某个法律的发展进行概括;对争议议题的辣评;实践指导,包括合同范本、核对清单等;归档文献或最高法院案例。

面对数字时代挑战　望与中国合作

Freudenberg 先生介绍说,当前,《新法律周刊》的发展市场正面临着来自网络数字时代的挑战。由于新媒体的出现,当前信息行为和使用正发生着巨大的变化。许多信息是在线或在网络上消费,书本和纸质媒体面临巨大的压力。这其实是当今纸媒的一个发展困境。由于有共同的困境,我们与 Freudenberg 先生有了许多探讨的话题。Freudenberg 先生表示,为了保证周刊的订阅量,周刊不得不迎合读者的兴趣和需求,保证期刊内容的质量,并提供数字化的信息以适应消费者的电子化需求。

为此,周刊与法院签订协议,支付法院一定的费用,直接从法院获得相关决定。德国并没有所谓发表法院判决的官方媒体,所有出版机构都是私人的,所以需要支付费用。因为周刊与法院长期合作,支付的费用要比其他期刊少些,大约是其他期刊的1/2。德国平均每年有超过 60000 个判决,而每年刊登的判决有 1000—1500 个,因此,首先需要编辑及专家们进行精心筛选,挑选出那些最重要、最关心的案例。其次,就是邀请的作者必须是权威的,能写出高质量的文章。再次,广告也是期刊盈利的重要收入。就《新法律周刊》而言,大约有 50% 的广告。另外,周刊通过与法律教育机构合作,比如举办论坛、会议等,以提高周刊的发行量。

Freudenberg 先生对中国非常感兴趣,对中国的法制媒体更感兴趣。他不停地询问有关《法制日报》的相关情况,并询问是否在德国可以订阅到《法制日报》。《新法律周刊》目前与俄罗斯、土耳其等有相关合作，Freudenberg 先生表示，希望在将来也能与中国合作，因为中国的影响力正在不断扩大。

（本文发表于《法制日报》2012 年 12 月 18 日。合作者张慎思）

德国法学教育体系

　　德国通常被认为是典型的大陆法系国家，是典型的大陆法系的代表国家之一。几百年来，德国的法学高等教育培养出了一批批优秀人才，为德国法学的发展繁荣作出了不可磨灭的贡献。很多国家在借鉴以德国为主的大陆法系的立法、司法制度的同时，也不同程度地承袭了德国式的法学教育理念和教育体系，这其中也包括中国。

　　2012 年 11 月 12 日，记者如约来到了柏林洪堡大学。记者的心情非常激动，因为这里曾经是周恩来总理勤工俭学的地方，也是马克思和恩格斯学习过的地方。1922 年 2 月，周恩来由法国迁居德国柏林后，在柏林洪堡大学成了一名旁听生。1836 年，马克思进入洪堡大学攻读法律专业，而恩格斯则于 1841—1842 年利用在步兵炮团服兵役的业余时间去洪堡大学旁听，并在一年时间内先后学习历史、哲学、文学、艺术和外语。

　　洪堡大学具有悠久的历史，是德国首都柏林最古老的大学，于1809 年由普鲁士教育改革者及语言学家威廉·冯·洪堡所创立，是第一所新制的大学，对于欧洲乃至全世界的影响都相当深远，被誉为"现代大学之母"。柏林洪堡大学位于柏林市中心菩提树下大街。法学院是洪堡大学的主要院系之一，同时也是洪堡大学建校时的四大院系之一。

来到法学院的门口，我们即刻被法学院的"宏伟"所震惊，与德国司法部的"不显眼"和德国联邦宪法法院的"朴素"相比，这里显得太宏伟了，而且法学院门前还有一个极大的广场。由此可见，法学院在大学以及德国社会中的地位可见一斑。

与众不同的法学教育体系

此次来到这里，我们拜访了柏林洪堡大学法学院的 Anna-Bettina Kaiser 教授，与她交流德国的法学教育。Kaiser 教授教授公法，曾经以优异的成绩进入德国弗莱堡大学法学专业学习，通过第一次州司法考试后，到英国剑桥大学学习法学硕士课程，之后又攻读了博士学位。她对中国并不陌生，曾到中国政法大学讲学。

在与教授交流之前，我们先收集了一些有关德国法学教育方面的资料。与欧洲的其他国家不同，德国法学教育比其他国家的学制要长。比如，英国的高中生毕业之后可以直接申请大学的法学专业，而学制只需3年时间，但是德国的学生至少需要6年的时间，有的甚至更长。对此，一些德国的学生认为自己读了这么多年才能拿到法学专业的毕业证书，与其他国家的学生相比在年龄上没有优势。

其实，也许是由于德国人严谨的性格，也由于德国的大学在创建之初就将学术研究作为大学的主要职能（这是源于德国著名教育学家洪堡的教育思想），德国的大学教育从19世纪开始并没有所谓的本科，而学生学成毕业，所拿到的第一个学位基本相当于其他国家的研究生学位。也就是说，德国高校的学位只设硕士和博士两级，没有学士学位。而硕士学位的学分为两个阶段：硕士前期或称基础学习，以及硕士后期或称主课学习。修完基础阶段的课程后，必须通过一个"阶段考试"才能进入专业阶段的学习。最后，大多数专业的学生通过硕士论文答辩或硕士学位考试后结束学业。

但是，随着时间的推移，特别是随着经济的全球化，世界各国教育的交流不断密切，德国这种与其他国家"格格不入"的教育体制不断受到各方的批判。特别是学生如果读完4年的本科课程后，因为没有一个本科文凭，无法申请其他国家的研究生。因此，近几年来，德国的部分学科开始进行改革，在6年制的学习中间，增加了本科的设置。而据 Kaiser 教授介绍，目前 95% 的专业已经设置了本科，与其他国家接轨了。

但是，令人惊讶的是，法学专业是一个例外。

Kaiser 教授说，法学院的教授们通过讨论，认为目前的教育体制虽然时间稍长，但是培养出来的学生是优秀的，符合国家所需要人才的要求。如果改变学制，可能所培养出来的学生质量就不能满足现实的需求。而且，有调查显示，虽然德国的法学毕业生比其他国家晚了2—3年毕业，但是毕业之后到国外学习，大部分学生的适应能力和学习能力要比其他国家的学生强，所以他们认为目前的教育体制不需要跟其他专业那样设置本科学位。

而其实，法学专业在德国作为一种特殊专业，其体系的设置上与其他专业有很大区别。德国的法学专业并不授予普通的硕士学位，而是设置与硕士学位等级相当的州考试学历。州司法考试分为"第一次"和"第二次"两种。一般来说，学生完成8个学期的学习课程，就可以参加第一次的州司法考试。第一次的州司法考试通过后，学生要参加完学校规定的实习课程，才能报考第二次州司法考试。实习阶段一般为两年，在这两年时间里，学生必须到法院、检察院、律所等地方实习，实习结束后，需经过实习单位的考核检验。在这些实习阶段里，实习老师一般教导学生如何分析案例、如何应用法律。

学生通过两次司法考试之后，就可以申请法院、检察院等部门的职位或者可以到律所做律师或到公司做法律顾问。据 Kaiser 教授介绍，法学院毕业的学生只有少部分能顺利申请到公检法部门的职位。如果学生在两次的州司法考试中均取得 9 分（在柏林，9 分是个优异的成绩），那么申请公检法部门的职位一般没有问题，但通常情况下，只有 20% 左右的学生能在两次的州考试中均取得 9 分的成绩。

法学专业竞争力强受欢迎

尽管法学学生要花费 6 年甚至更长的时间才能毕业，而且只有 20% 左右能够到政府部门工作，但是法学专业仍然是学生报考大学时的热门专业。Kaiser 教授说，这一方面跟法学在德国具有较高的社会地位有关，另一方面也跟法学毕业生相比其他专业的学生有优势有关。

与中国的高考制度不同，德国大学并没有入学考试制度，但这并不意味着入学是容易的。德国的中学生在最后一学年要参加毕业考试，而考试成绩则成为大学录取的主要标准。由于德国高等教育可以接收的学生名额比较多，一般高中毕业生向大学递交申请，获得批准后都可进入自己的志愿专业学习。由于法学作为热门专业，名额比较紧张，申请者众多，竞争很激烈。高中阶段成绩稍差的学生须等待一个学期甚至更长的时间才有可能入学。

德国的硕士课程（LLM）主要是针对境外学生，并且主要教授欧盟法。

在德国，博士的入学也不需考试，只要有导师愿意接收指导即可。而且，通常情况下，申请人只要通过了第一次州法学考试，就可以申请博士课程。Kaiser 教授说，在德国有一个典型的现象，即许多执业律师都有博士学位，因为如果你拥有博士学位，那么意味着你会有更好的专业背景，在律所选择和执业上会有很好的帮助。

由于德国的州司法考试相当严格，因此法学学生通过两次州司法考试后，即使未能在政府部门中谋得公职，在律所或公司里也能相较其他专业的学生容易获得一个职位，因为大部分人相信，能够通过两次州司法考试的学生的素质还是比较高的，Kaiser 教授说。

（本文发表于《法制日报》2012 年 12 月 11 日。合作者张慎思）

2.

澳大利亚

走进澳大利亚最高法院

2011 年 12 月 15 日，中央政法委代表团一行来到了澳大利亚联邦最高法院。还未到达最高法院，我们即被其所在的环境吸引住了，这里简直就是一个大花园。最高法院被蓝天、白云以及一望无际的绿色包围，让人不禁感叹澳洲独特而美丽的自然风景。

澳大利亚联邦最高法院位于堪培拉格里芬湖南岸，是澳大利亚的标志性建筑之一。它位于国会大厦三角区，毗邻澳大利亚国家艺术馆、国家科学馆和国家图书馆。当时，对最高法院的选址还有特别考量，与国会大厦相对，寓意高等法院独立于国会，地位与国会平等，不受政治影响。

1928 年以前，最高法院使用州最高法院的地方来审理案件。当时，最高法院的登记处设于墨尔本，1973 年迁至悉尼，1980 年 5 月迁往了最高法院的永久地址堪培拉。

1980 年 5 月 26 日，英国伊丽莎白女王为最高法院大楼揭幕。最高法院外观显得宏伟壮观。内外墙使用 18400 立方米的混凝土，经凿石锤修琢，墙表呈鳞片状。一面外墙使用 4000 平方米的不锈钢和玻璃。

走进澳大利亚联邦最高法院，一股很浓的艺术气息马上就感染了你。没想到一座如此庄严肃穆的建筑竟充满了艺术氛围。根据最高法院公共信息官员 Hanna Jaireth 博士介绍，最高法院大楼设计独特，具有明显的英国传统。大楼高 40 米，由公共厅、三个法庭、办公区和大法官专用区组成。入口处还专设长长的礼仪坡道。整个法院的大堂精心设计了环绕形楼梯，构成流线型，当法官和工作人员在内行走时，可以欣赏内部精美的艺术装点。

其中，北墙被称作宪法墙，上面挂有 Jan Senbergs 设计的壁画，代表最高法院的历史、职能和使命。另外一幅 Jan Senbergs 设计的壁画挂在西面的墙上，壁画上端是每个州的州旗，下面是具有州特点的抽象象征，这面墙象征澳大利亚联邦中每一个州的重要性，是国家法律体系的重要组成部分。

最高法院有三个大小不一的法庭，满足不同的需求。在一号法庭外面有一个 Sea Maddock 绘制的蜡制壁画，描绘最高法院 1903 年 10 月 6 日在墨尔本首次开庭时的情形。三号法庭的外面有一幅 Marcus Beilby 的油画，也是描绘 1903 年的场景，对面是由 Robert Hannaford 画的最高法院 2003 年一号法庭开庭的情形。

一号法庭主要用于礼仪仪式及全体法官出席使用。进入一号法庭，同样装点着艺术品。在庭审席左边墙上挂有一幅大编织旗毯，织有每个州的州徽。法庭的门和门把都经过特别设计，颜色形状像一个银色盾牌，象征澳大利亚联邦宪法像盾牌一样保护人民的利益。同时，墙上还挂有三幅肖像，是最高法院的第一任三名大法官（当时最高法院只有三名大法官，现在有七名）。

澳大利亚联邦最高法院是澳大利亚的最高司法机构，是最高上诉和终审法院。根据澳大利亚联邦宪法，澳大利亚联邦议会授予的司法权归属于澳大利亚联邦最高法院，是所有案件（无论是属于联邦还是属于各州管辖范围）的最终上诉法院。

最高法院主要审理：（1）涉及宪法的案件和法院认为有关公众利益的案件，由全体大法官（7 位）全席参与审理；（2）对各州最高法院、联邦法院和家庭法院的判决进行上诉的案件，由 5 位法官参与审理。案件涵盖澳大利亚法律的各个方面，如仲裁、合同、公司法、知识产权、军事法庭、刑法、税法、保险、个人受伤索偿、财产法、家庭法、贸易法和移民法等方面。

每年，最高法院平均会收到五六百个上诉申请，但最高法院的法官会在一起讨论是否受理，平均下来每年会受理 60—80 个上诉案件。最高法院受理的是对其他法庭的上诉案件。上诉权并不是自动的，而是需要向最高法院预先申请。最高法院对上诉案件的判决是终审判决，不得再上诉。

最高法院的大法官制定上诉案件的申请程序，上诉人需填写上诉申请书，供法院考虑是否受理。如批准上诉，上诉人（通过法律代理人）及被告双方开庭时进行申辩。法庭通常不当庭宣判，而是过后宣布判决结果。每个大法官给出自己的判决，如判决不一致，以多数者决定胜出。法院另外开庭公布大法官的书面判决及理由，判决书随即交给当事双方。判决书可以购买，也可以免费在最高法院网站上浏览。判决结果收入法院的法律报告，并输入法院数据库。最高法院判决为终审判决。

最高法院在堪培拉审理大部分案件，但每年会在昆士兰、南澳和塔斯马尼亚首府各审理一次。同时，每月有一天会在墨尔本和悉尼受理上诉立案申请，必要时通过视频传输审理来自阿德莱德、布里斯班、达尔文、霍巴特和柏斯的案件。

最高法院于 1903 年 10 月 6 日在墨尔本首次开庭，当时由三位大法官组成，他们都是澳大利亚联邦运动至关重要的人物。1906 年最高法院大法官增至 5 人。1912 年增至 7 人，但在 1933 年因经济大萧条减至 6 人，直到 1946 年才又恢复到 7 人。自 1903 年以来，最高法院共任命 12 名首席大法官、42 名大法官。

最高法院的大法官由联邦总署提名并任命。根据"澳大利亚高等法院法"，联邦总署需要和各州总督协商后，才能对大法官进行提名。

1977 年前，大法官为终身任职制。1977 年经过全民公投规定大法官的退休年龄为 70 岁。历史上曾有 1 名大法官在任期内辞职。

（本文发表于《法制日报》2012 年 1 月 10 日）

听澳洲法官讲述如何判案

2011 年 12 月，记者随中央政法委代表团一行来到了澳大利亚新南威尔士州中级法院，并拜访了该院的吉布森（Judith Gibson）大法官。令我们惊讶的是，吉布森法官竟然讲着一口还算流利的中文！跟吉布森法官交流后，我们才知道她自学中文，并已多次到过中国，旁听过中国的民事和刑事审判，研读过中国的判决书，并以中文发表过法律专业论文。这不禁令我佩服不已，因为吉布森法官看上去年纪已经不小，却凭着对中国的兴趣自学中文。在法官工作的百忙之中坚持学习，实在是令我们年轻人汗颜。

吉布森法官曾工作于法国司法部，又到过中国，因此对大陆法系和普通法系判决书的内容和风格比较了解。由于我们是首次到澳洲，对澳洲的法律制度和判决方式都不甚了解，因此，吉布森法官从她的亲身经历出发，为我们讲述澳大利亚法官是如何判案的。

澳大利亚的法官有专案法官和非专案法官之别。专案法官，顾名思义就是专门审理某类案件的法官，如诽谤案件、建筑案件、商业案件、职务失职行为案件等。专案法官的工作要比那种参与所有诉讼程序的法官要专门得多。法院鼓励当事人在案发后7个月内将案件起诉到法院，其中大约有90%的案子在起诉后一年内会得到调解或判决。吉布森法官表示，审判效率如此之高或许与法院设立专案法官有很大关系。

在案件受理之后，法官的工作就是审理案件。在澳大利亚，法官在诉讼中扮演着非常重要的角色，必须保证案件不会因为控辩双方任何一方而延误。事实上，当控辩双方进入诉讼程序，法官一般很少同意延迟诉讼，因为推迟诉讼本身就有可能导致不公正。

新南威尔士州中级法院实行法官独任审判制，这与中国和许多欧洲国家实行的合议制有所不同。在独任审判中，法官反复询问证人（包括当事人），然后作出判决。

判决书的制作和格式内容有严格的要求，因为澳大利亚上诉法院的许多评论都是关于哪些内容应当出现在判决里面这一问题，因此，如果法官不能正确地书写判决书，将有可能会因此被上诉。

总的来说，法官作判决时必须遵循以下原则：

首先，法官必须认定事实，并且认真查明证词的可信度。多数判决一般先会简要概述原告的诉求、被告的答辩和证据摘要。关于证据的一个重要问题是，法官必须自己决定证人所言是否属实。证人在作证之前，必须在《圣经》前发誓，声明自己所说的一切都是属实的。吉布森法官至今清晰地记得她审理第一个案件的情形。当时，原告蹒跚着走入证人席，称一场车祸毁了自己的人生。他流着眼泪，声情并茂地描述了自己所遭受的伤害，并出示医学报告，证明自己的健康已经完全被毁掉，而且他的婚姻也因此陷入困境。吉布森法官说，当她听到这个悲伤的故事时，内心产生了强烈的同情。然而，当这个原告接受对方发问时，吉布森法官却从中了解到原告之前曾遇到过六场车祸，事实上他已经进行过多次赔偿之诉了。可见他的证词有太多可疑之处。

　　吉布森法官说，最终她判决被告胜诉，而没有接受原告的证词。原告之后提起上诉，但上诉也被驳回。吉布森法官说，她作出原告败诉的理由之一，就是她认为原告不是一个可信的证人，因为她无法相信原告所说的话。在这个案件中，证词的可信度最终决定了案件的输赢。由于澳大利亚法官在很多情况下是根据证言来判案的，因此证词的可信度对澳大利亚法官来说尤为重要。在澳大利亚，所有证人的证词都必须在法庭口头提供、必须接受对方询问，因此澳洲的庭审时间要比中国或欧洲漫长。

　　法官作出判决时，需要有充分的理由来支持判决，即法官必须"全面而具体地阐明他对争议问题所作出的结论的根据"。这在普通法系的国家尤为重要。在澳洲，上诉权并不是自动的，只有在某些情况下才允许当事人上诉，上诉是否被接受，还要看上诉法院法官的决定。当事人通常不能基于事实性错误而上诉，而且上诉法院仅仅在这种事实性错误非常显著时才会介入。

　　其次，法官必须"正确适用法律"。新南威尔士上诉法院在奥索帕蒂诉塔斯曼有限公司（1985）中确立了案件审理过程的三个阶段和三项要求，这三项要求一直被视为是基本要求。上诉法院通常以此来评判是否受理被上诉的案件。

　　案件的审理过程分为三个阶段：

　　第一，法官必须适当、合理地对事实进行准确的定性。对于判决中的事实性问题，除非是显著的错误，否则，上诉法院通常会驳回上诉。

　　第二，法官必须适用正确的法律。法律应当被识别，相关的判例法也应当被援引。普通法系遵循先例的原则意味着，上诉法院和高级法院的判例是有约束力的，法官必须引证和遵循这些判例，即使他不同意这样的结论。但是，在同一个法院的判例或其他法院(包括高级别的法院，如最高法院)的判例，却不具有约束力，他们仅仅具有"高度的说服力"，澳大利亚其他州和地区的法院的判例也仅仅具有"高度的说服力"。

第三，被正确选定的法律必须适用案件事实。如果得出的结论明显是错误的，这会被视为是法律的错误，因而是可以上诉的；但除非是明显的错误，否则上诉法院不会介入。

最后，吉布森法官还向我们介绍了澳洲法院判决的论证和风格。判决书都出自法官之手，无论在初审还是上诉审，澳大利亚的判决书都带有强烈的个人风格。法官有时会表达自己的观点，评价自己的经历，但这种情况相对来讲比较少见。

民事判决可以是口头判决，也可以是书面判决。如果事实和法律简单，法官经常会在审理结束后随即作出一项口头判决。但如果事实和法律比较复杂，法官则会预定在未来的一个日期作出书面或口头判决。在新南威尔士州中级法院，这种不当场作出的判决必须在审理后两个月内作出，最长不得超过 6 个月。如果法官延误了，当事人可以向首席法官申告，如果是明显延误，还可以对此提出上诉。

（本文发表于《法制日报》2012 年 1 月 3 日）

澳大利亚社会保障齐全

澳大利亚是一个比较年轻的国家，只有 200 多年的历史，但却是世界上第二个建立社会福利保障制度的国家，有一整套比较完善的社会保障体系及法律规范，被誉为"社会福利先驱"的国家。

目前，澳大利亚已建成了一个相当完善的社会福利网，其覆盖面遍及全国各地。澳大利亚社会保障制度主要是帮助经济上有困难的人，如果他们因失业、年老、丧失工作能力、抚养小孩或其他原因而无法工作，便可以得到一定的收入补助。有小孩的低、中收入家庭也可以得到额外的补助。概括说来，澳大利亚社会保障基本制度主要有如下几种：

1. 养老金

目前，澳大利亚养老金体系是典型的"三支柱"模式：政府提供的社会保障养老金、雇主提供的职业年金和个人自愿性的养老金储蓄。三个支柱互相支持，为公民的晚年生活提供了多重保障。

澳大利亚联邦政府自 1908 年颁布《残疾抚恤金和养老金条例》起就确立了养老金制度。

根据该条例，凡男性年满 65 周岁，女性年满 60 周岁，本地出生的和归化的英国臣民，只要个人年收入低于 104 澳元或家庭财产累计不到 620 澳元的，并且在澳大利亚连续居住满 25 年，就可以申请领取养老金。该条例同时还规定，养老金领取者必须具有良好的人品，如申请人抛弃配偶或子女，则 5 年内不能领取养老金。从 1939 年到 1978 年，澳大利亚联邦政府对领取养老金申请人的居住年限和养老金支付额进行了多次重大调整。养老金随物价浮动，每两年调整一次。

2. 失业和疾病救济金

1944 年，澳大利亚联邦政府制定了失业和疾病救济金法。根据该法规定，凡男性在 16—65 岁，女性在 16—60 岁之间，在澳大利亚居住满 1 年者，即可申请领取失业和疾病救济金。但已享受养老金、残疾抚恤金或寡妇抚恤金者，不能同时领取失业救济金。同时，失业救济金申请者还必须具备工作能力，愿意并努力去做适合他的工作。疾病救济金主要支付给那些因生病或意外事故暂时失去工作能力的人。申请人必须提供医疗证明。无论是失业救济申请人还是疾病救济申请人都必须接受收入和财产情况调查。

3. 健康医疗保险

1975 年 7 月 1 日，澳大利亚开始实施一种叫作"疾病银行"的健康保险方案，它属于全民规划，由政府在财政收入中统一拨款，无需私人掏钱。1976 年"疾病银行"经过实践后，对有关条款作了修改。新的条款规定每名公民应缴纳 2.5% 的所得税，以充实"疾病银行"的经费，但对低收入者及领取年退休金的人员可免征 2.5% 的所得税。1981 年，该保险方案又作了修改，规定凡收入特别低下者、领取失业救济金等有关人员实施免费医疗服务。1984 年 2 月，澳大利亚开始实行"国家医疗照顾制"全民医疗保险方案。根据该方案，所有在澳大利亚居住超过 6 个月的人（不包括外交官及其亲属）均可享受免费医疗服务。

4. 家庭津贴

澳大利亚家庭津贴于 1976 年开始实施。根据社会保障法修正案规定，凡抚养或监护一个或一个以上未满 16 周岁儿童的家庭，都可申请领取家庭津贴。对于有 3 个或 3 个以上的多子女者，则附加津贴，至子女 6 岁为止。凡申请领取家庭津贴者，必须是澳大利亚居民或已获准在澳大利亚定居者，同时还必须接受收入情况调查。根据昆士兰州的法律，目前一个孩子可以领取 75 澳元 / 每周的补助，直至孩子 13 岁为止。

5. 产妇津贴

1912 年 6 月，澳大利亚联邦政府制定了专门的产妇津贴法，并于同年 10 月开始生效。根据该法规定，凡已婚或未婚母亲每生育一个孩子都可以得到相应的津贴。产妇津贴领取者无需接受收入和财产情况调查，但必须是澳大利亚居民或准备在澳大利亚长期定居的外国居民。该法实施的一个重要结果是它迫使澳大利亚自由党改变了政府对社会保障的态度。1934 年制定的财政救济法对原有的产妇津贴法作了修改，生育的孩子越多，得到的津贴也就更多。

6. 残疾人抚恤金

澳大利亚于 1910 年 12 月 15 日开始实行这一福利制度。根据当时的残疾抚恤金条例，凡年满 16 周岁，由于意外事故或不可抗力导致永久性丧失劳动能力并且在澳大利亚连续居住满 5 年的居民或者永远失明的人，都可以申请领取残疾人抚恤金。1947 年的社会保障法还进一步规定了残疾人抚恤金领取人如单方面照料不满 16 周岁的孩子，还可领取儿童津贴。1991 年新的社会保障法规定，凡领取残疾人抚恤金者，同时还可得到房租、护理等补助。

7. 残疾儿童津贴

1917 年澳大利亚联邦政府制定并实施残疾儿童救济法。根据该法规定，凡身体残疾、智力缺陷或精神失常的 16 岁以下儿童，其父母或监护人可以申请获得此项津贴。旨在帮助解决抚恤严重残疾儿童所需要的额外费用。申请该津贴无需收入情况调查，但要有居住证明。

8. 寡妇抚恤金

1942 年，澳大利亚联邦政府制定了寡妇抚恤金法。根据该法规定，凡年满 50 周岁以上的离婚妇女，被丈夫遗弃至少达半年以上的妻子或丈夫被监禁达半年以上的妇女，在澳大利亚连续居住满 5 年的，都有资格申请领取寡妇抚恤金，领取者须接受财产和收入调查。1952 年寡妇抚恤金修正案将申请者居住的年限由 5 年减为 1 年。1968 年修正案又恢复了 5 年的居住期限。自 1967 年开始，联邦政府授权各州制定了相应的法律规定。从此以后，寡妇抚恤金由联邦和州政府共同承担。

除上述社会保障基本制度外，澳大利亚还有孤儿抚恤金、居丧津贴、退役军人抚恤金、流动津贴、特别津贴、住房方面的社会福利等。

由此可见，澳大利亚社会保障体系覆盖面广，项目较为齐全。不过，现在澳大利亚也面临着考验。随着经济危机的影响，社会老龄化日趋严重，高福利制度正面临着巨大的考验。

（本文发表于《法制日报》2012 年 1 月 31 日）

澳洲社区管理凸显服务理念

澳大利亚是一个移民国家，在这里有来自世界各地的移民，其中有相当一部分人收入较低。如何满足这些来自不同国家、不同文化的人的居住和生活需求，营造一个多元文化融合的生活环境成为澳大利亚政府首要考虑的问题。

2011 年 12 月 5 日，记者随法治代表团一行来到了莫尼河谷市（City of Moonee Valley）的弗莱明顿（Flemington）社区参观访问。弗莱明顿社区是澳大利亚维多利亚州中低收入人群聚集的地方，同时也是一个多移民的社区。根据澳大利亚统计局和住房办公室的数据，大约有 2200 名居民生活在弗莱明顿，但实际上人数可能更多。其中，56% 是女性，44% 是男性；年轻人占有很大的比例，19 岁以下的占有 42.8%；3/4 的家庭有小孩；单亲家庭占 37%；在澳大利亚境外出生的占 54.6%。因此，弗莱明顿社区是一个集多种族、年轻化、单亲家庭多、低收入为特色的社区。如何管理好这个社区具有很大的挑战性。

来到弗莱明顿社区，我们首先参观了社区的建设情况。社区负责人带着我们一团人来到了小区的中心广场地带，周围林立着几幢高楼。根据负责人介绍，这里的居民都要通过申请才能入住，因为这里提供比较廉价的房租，只有符合一定条件的人才能申请到住房，一般是低收入人群。这有点像国内所谓的"廉租房"。租金对每个家庭来说也不一样，社区会根据申请人的家庭情况、收入来确定申请人应当支付的租金。

小区中心五颜六色的地板以及各种小型游乐设施格外引人注意。据社区负责人介绍，由于小区的地理位置及空间的限制，为了让居住在这里的居民提高生活乐趣，也为了让这里的小孩有游玩场所，他们将小区的中心地带设计成各种图案，画上不同颜色的线条，这样，当居民从自家窗户往下看的时候，就能欣赏到各种图案和艺术。在游乐设施四周的地板上都铺有环保材料，这种环保材料由一种废弃轮胎做成，比较松软，这样当小孩在上面玩耍的时候，就不容易受伤。社区负责人说，这里的家庭绝大部分有小孩，有的家庭甚至有3—4个小孩，所以在这里玩耍的小孩子比较多。

在小区中心的一角，我们注意到了一个方正的、类似桌面大小的一个台子。社区负责人说，这是为社区居民提供的免费烧烤炉。有时候，家庭聚会等活动会在小区进行，这方便居民的活动和交流。他们也会定期或不定期地举行各种社区活动，比如这星期就是中国社区活动，会让居住在这里的居民举办一些有中国特色的活动或分享一些中国特色的食物，下次可能是非洲居民。这样不但可以加强居民之间的交流，而且可以让来自不同种族的居民相互了解和学习对方的文化。

为了让居民能够更好地参与社区管理，弗莱明顿推出了街坊振兴计划。

弗莱明顿的街坊振兴计划是莫尼河谷市政府、州政府、联邦政府、服务机构与当地社区的一项合作。这些机构一起倾听、规划、协调和提出弗莱明顿社区的当地解决方法。

社区负责人介绍，该行动计划是在与当地社区协商的基础上制定而成，通过"社区调查"，了解了250位居民在弗莱明顿生活的看法和体验。

行动计划制定了 6 个主要目标和 17 个战略性目标，这些都与社区居民生活的需求息息相关。这 6 个目标包括：1. 提高社区居民的自豪感和参与度；2. 提升居住环境；3. 提高就业和学习机会，拓展地区经济；4. 提高个人安全感和减少犯罪；5. 促进健康和福利；6. 提升社区服务水平和提高政府责任。

为了能够让居民更好地参与到这个行动计划中，社区将计划的内容翻译成不同的语言，以便居民更好地了解，因为大部分居民来自海外，对英语可能还不是很熟练。对居民反映的问题，社区要求工作人员要 100% 全身心地倾听，从不忽略一个小问题。负责人介绍说，由于社区里有小孩的家庭居多，有些家庭甚至有 5—6 个小孩，特别是对于单亲家庭，这些家长们要参加社区的活动就比较困难，为了能解决这个问题，社区工作人员会聘请相关人员帮他们照顾小孩，这样他们就能更好地参与社区活动。对于社区活动，通常也会选取那些交通便利的地点。

由于居住在弗莱明顿的居民基本上是低收入人群，社区的一个重要任务就是帮助这些居民找到工作，让"贫二代"跳出廉租房，让弱势群体找到工作搬出这里。社区负责人介绍，社区会提供一些培训，并且已经有 5 位居民在他们的帮助下找到了工作。

通过对弗莱明顿社区的参观和社区负责人的介绍，我们不禁感慨社区管理的细致之处，在这样一个多种族的社区，要融合这么多不同背景的人，实在是一件不容易的事情。社区工作体现了以人为本的思想，考虑到居民的需求，不但将政策翻译成不同的语言，还请相关人员照顾小孩，以便家长参加社区活动。同时，努力营造一个和谐的社区，通过各种方式美化社区，举办各种不同的有种族特色的活动，提供活动设备，增进各方了解。而且，在参观访问中，让我感受深刻的是，与其说是社区管理，不如说是社区服务，他们在社区管理的工作中，强调服务的理念，所做的工作都是为了居民的利益，让居民参与调查，参与行动振兴计划，发挥主人翁的作用。我想这是澳洲能吸引如此多移民的原因之一吧。

（本文发表于《法制日报》2012 年 1 月 17 日）

3.

美 国

2010年7月，我有机会来到了美国纽约、布法罗、华盛顿、洛杉矶、旧金山和加拿大多伦多等六个城市，参观访问了美国洛杉矶郡警察局、洛杉矶市警察局、旧金山圣何塞加州大学警察局和斯坦福大学等地，听取了美国大学教授关于"全球化新趋势与美国现代化发展再认识"的讲座。在这个过程中，我近距离了解美国制度和社会，感受美国的文化气息、了解美国警察局的人性化管理、校园安全及社区安全工作。

美国是个大熔炉

对美国国家性质的把握直接影响我们对美国发展的再认识。其实美国国家最本质的性质是世界各民族的大熔炉。美国的起源与发展就是世界各民族汇聚而来的历史，就是世界各民族的精英把世界各民族的文化不断带入美国这个民族大熔炉的过程。所以美国客观上成了世界先进文化发展方向的代表。把握了美国国家这个最根本的性质，就把握了理解美国的总的钥匙，就有了理解的总出发点，就可以对美国社会各种矛盾现象有了理解的方向，就可以深入思考美国为什么发展得最快，为什么能够长盛不衰。

美国为什么能够在全球化大趋势中崛起为远超世界各国、首屈一指的超级强国？许多人认为主要有五大因素：地理、资源、人才、文化和体制。

美国最突出的地理因素是两面临海。浩瀚的太平洋和大西洋成了美国发展的安全保障，以至于两次世界大战都打不到美国本土。美国地大物博，丰富的资源奠定了美国可持续发展的物质基础。

美国高速而持续的发展，吸引、开发与拥有人才是个突出的因素。美国二百多年形成了"总揽天下精英为我所用"的吸引全球人才战略，成为美国的立国之本。纵观整个 20 世纪全球化的发展，"趁乱劫收"构成美国与世界各国竞争人才的突出特点，两次世界大战和战后各国的战乱或社会动乱都使大量的欧亚优秀人才被美国纳入。而"托福收割机"与"特殊人才绿卡"则是美国吸纳各国精英的另一突出特点。

文化因素既是美国长期发展的结果，更是美国发展的动力。有些欧洲人、亚洲人往往以美国的短暂历史而断言美国文化肤浅。这种看法过于简单化，没有看到美国这个世界各民族大熔炉融合了全球文化，传承了人类文明与文化的发展。

相对于前四位因素，许多人认为美国开国的先贤们确立了适应美国国情的体制，是美国得以在全球化大趋势中乘风破浪崛起的关键因素。任何社会体制都是由政治和经济两个主要方面决定的。美国的体制可简括为：政治上是以三权分立为基础、以权力相互制约（或相互制衡）为特征的联邦自治体制；经济上是以私有制为基础、以市场高度自由竞争为特征的发达商品经济体制。

由此而形成了美国政府社会管理的基本框架，其总体目标是维护社会稳定与促进良性发展；其三大支柱为指向总体目标的法治、分治和自治。

以法治为依据——法律是解决社会问题的指南、是社会治理的依靠、是解决社会矛盾的归结。社会生活的各个方面均有相应的法律，例如联邦政府的食品药物管理法、社会福利法、税法等；州政府的公司社团法、社区法、选举法、婚姻法等；郡市等地方政府市政规划法；等等。

以分治为主体——分流社会矛盾与分解社会问题，使之化大为小、化总为散、化多为少、化急为缓。其分治一方面是纵向式的分治：联邦、州和郡市等各级政府社会管理权责分明，社会问题层层分流。因此美国很少能碰到层层上访这样的社会问题。另一方面是横向式的分治：科教文卫、社会救济、社保福利、劳动就业、食品药品、公共交通、公共安全、生态环境、公司注册、社会组织。

以自治为基础——通过以民为本，广泛自治，决策公开，舆论制衡，使社会矛盾与问题自我释放、自我调节，社会管理自发进行、自动解决，消弭于无形。自治组成有多种方式，居住社区形态化、NGO形式普遍化、学术组织社团化、企业组织商会化、专业组织民间化。自治形式也是多种多样，如组织章程与竞选、决策民调与公听会、热线投诉、游行示威、舆论介入。

当然世界上没有，也不可能有所谓完善的体制，美国也不例外。通过对体制的研究，人们会发现对体制的追求目标并不在于其是否完善而在于其是否促进发展；对体制的纵横比较，其意义亦不在于发现优越性孰高孰低，而在于借鉴促进发展与纠正失误的机制。因此从各国体制异同的分析中，有意义的是探讨特定体制的历史形成与国情发展的适应程度，从而得出如何使体制改善纠错功能以促进社会平稳发展的结论。

美国梦与全球化

许多第一次到美国的访客，常常会不由自主地想到这样一个问题："为什么美国发展这么快？"这样一个年轻的国家竟然在立国仅两百多年的时间超越拥有数千年历史的所有文明古国和各个近代崛起的海上强国走到世界的前列，成为第一超级强国！

这就是世界上许多人常说的"美国梦"。美利坚合众国立国至今仅二百多年，但其现代化的步伐却超越了世界上所有的国家，许多人感叹美国在人类文明史上既是最年轻的大国，又是现代化历史最悠久的国家，几乎与现代文明相关的技术和产业乃至文化都是在美国起源或在美国开始大规模应用。如汽车、高速公路、电影、电视、电脑、好莱坞、迪斯尼、国际互联网、股票市场、跨国公司等，不胜枚举。美国就是这样从古代文化来看最年轻、从现代文化来看最古老的矛盾统一体。美国的矛盾现象表现在国际政治上，一方面有替天行道般维护全球人类整体利益的一面，另一方面又有本国利益优先至上的一面。

曾获美国最高普立兹新闻奖的著名历史学家和记者詹姆士·楚斯鲁·亚当斯对美国梦提出了经典性论述："美国梦不光是追求名贵汽车与高薪，它应是一种社会秩序，让住在这个国家里的每一位，无论他们出身多么寒微，都有机会充分发挥与生俱来的潜能，在努力成功后，成就受到肯定。"

全球化是指地球上不同的民族和国家的人们在社会生活各个领域发生联系与互动并产生全球整体影响的一体化过程。美国这个人类史上立国仅二百多年的年轻大国，其发展可以说是应全球化之运而生、顺全球化之势而大。对美国顺应全球化发展的再认识，有助于探讨中国如何在第三波全球化中迎接前所未有的严峻挑战和把握辉煌复兴的空前机遇。

第一波全球化的特征及其主流是资本全球扩张与全球殖民地化。

其起于 15 世纪一连串的地理大发现：如葡萄牙连接欧亚的海上航线、受命于西班牙的意大利航海家哥伦布发现美洲新大陆、麦哲伦船队航海环绕地球之旅。第一波全球化的高潮是随之而来的资本主义工业革命，使资本走向全世界；第一波全球化的结果是世界帝国体系的确立与全球殖民地化，从而完成了第一波全球化。

第二波全球化的特征及其主流是殖民体系瓦解、两大阵营的兴衰融合与国际经济一体化大区域多联盟的形成。

世界帝国体系与殖民体系的确立同时也激起了反全球化的浪潮，以 20 世纪两次世界大战和非殖民化运动标志着第一波全球化的结束和第二波全球化的开始。由第一次世界大战后产生的国联到第二次世界大战后成立至今的联合国，由以美元为中心的布雷顿森林货币体系的确立到解体，由 GATT 关贸总协定到 WTO 世界贸易组织的演变，由风起云涌的社会主义运动带来资本主义与社会主义两大阵营对抗到消融，由北约与华沙条约等军事集团到欧盟、东盟、非盟、独联体、拉美一体化、北美自由贸易区等一系列国际经济一体化多联盟的发展等。高科技通信与航空技术的大规模发展使世界各民族形成了空前紧密的往来交流与互动联系。

第三波全球化的特征是确立新的国际金融体系与和谐世界。

人类面临新旧世纪之交，金融风暴开始在世界各国云集，累积至 21 世纪之初，终于由美国次贷危机引爆了席卷全球的金融海啸。由此宣告第二波全球化受到反全球化的强烈反弹而告退潮。但是在金融海啸的猛烈冲击下，亦激发起新一波全球化重新席卷而来，形成了以 G20 华盛顿峰会和 G20 伦敦峰会为始点标志的第三波全球化新趋势。

美国校园安全管理重在细节

校园安全一直是美国社会十分关注的问题，2010 年发生在美国一些校园的枪击事件造成了严重的后果，引起了极大的关注。为了了解美国在校园安全方面的工作，我们特意参观了加州旧金山的圣荷西州立大学警察局，了解美国大学警察局在这方面做的一些主要防备和教育工作。

圣荷西州立大学警察局的玛丽安警官向我们介绍了这方面的工作情况。玛丽安警官在校园安全防卫方面是十分有经验的专家，最近几年她不仅负责圣荷西州立大学警察局如何做好校园安全的培训工作，而且在全州和各地警察局做校园安全讲座，取得很好的效果。

圣荷西州立大学警察局有 32 名警员，负责 31000 名学生和 3500 名大学雇员的校园安全管理，其中在校住宿生有 4000 名，管辖范围包括学校校园以及校园外一公里范围以内。为了提高校园安全，大学警察局采取了许多预防措施，主要有如下 6 个方面：

（一）由于大学校园里时有强奸案发生，为此，圣荷西州立大学特别开设了预防强奸的课程，由警察亲自教授自卫技术。

（二）设立了陪同计划，组建了一个由学生和志愿者组成的队伍，并提供一个"蓝色求助电话"，而这些志愿者都会穿着蓝色上衣，经过培训，测试合格后才会正式上岗。当夜里或其他任何时间，需要有人陪同的女生或其他人员，可以拨打这个蓝色求助电话，即会有志愿者前往陪同，这样可以减少犯罪的可能性。

（三）新生指导课。对于刚刚进入大学的学生，开设新生安全指导课，所有新生都需参加培训，了解校园安全状况。

（四）成立危机评估和干预委员会。该委员会由高层组成，包括教师、人事代表、警察局长、管理学生事务的负责人、心理辅导负责人员等。该委员会每两周开会一次，主要了解校园安全动态，时刻检测、追踪、干预一切可能引发安全事件的苗头，以减少事故和犯罪的发生。教师、学校工作人员和学生是最了解校园情况的，因此鼓励学校老师和工作人员如发现有任何不正常的现象，都要及时报告和处理，帮助那些需要帮助的人员，以减少不必要的悲剧发生。为此，学校还提供了电话热线和网址，以方便大家提供相关线索。

（五）设立了相关软件跟踪、记录问题学生的情况，以便分析和预防。

（六）加强巡逻，传授安全技巧。

2007 年发生的震惊全美的弗吉尼亚理工大学校园枪击案给校园安全的防范工作带来了很多挑战。首先，警察发现以前所教授的安全技巧在新的犯罪形势下不再有效了。因此，警察在这方面及时做了调整。在弗吉尼亚校园暴力中，警方发现犯罪分子利用之前传授给学生的遇到紧急情况时要趴在地上的防卫做法，造成了犯罪分子轻而易举地进入教室，对趴在地上的学生进行射击，以致造成大量人员伤亡。其次，被害人的反抗能力很差。对于一个犯罪分子，其实只要大家齐心协力，人数众多就能制服，他们做过试验，5 个女性就能成功制服一个彪形大汉。

为此，圣荷西州立大学警察局及时调整应对措施。

第一，定时举行相关课程，教授给成年人和小孩不同的逃生技巧，增强他们的防备和生存能力。同时，他们也向警察传授如何教导他人增强预防能力。这样的课程每两个星期举行一次。

第二，培训受害人或学生在警察到来之前如何应对，增强他们的心理承受能力，使之遇到突发事件不害怕，能够冷静应对，采取相关防范措施，比如锁门、躲避、来回跑动，这样枪击者就不容易寻找枪击目标。

第三，培训学生如何主动出击、如何救助自己。

第四，在学校和相关地方设立预警系统，以便及时通知某些人离开。

第五，对某些教学楼或建筑物进行改造，以便发生突发事件时，能有利于受害人反抗和逃脱。

第六，教授学生们如何拿起手中或手边的东西进行有效反抗。

第七，模拟犯罪现场，增加学生的现实感和心理承受能力。

针对枪击事件，他们还总结出了一套简洁易懂的策略"ALICE"，即预警、锁门、通知、反抗、逃跑，也就是说，首先要冷静，然后利用手边一切东西和技术进行防护，与犯罪分子交流让他们害怕，知道这些受害者不是那么容易对付的，与犯罪分子交涉以减少他们侵害的能力，寻找一切机会逃跑。

同时，圣荷西州立大学还开发了一个电子系统，名为"TipNow"。这个系统的开发成本很低，只需要 3000—7000 美元，而且是匿名的。任何人如果发现任何可疑情况或遭遇任何突发事件，都可以通过手机短信、电话、电子邮件或网址向警察局报告有关情况，以帮助警察局调动相关人员处理可疑的犯罪活动或处理紧急情况。目前这个系统在圣荷西州立大学运用很成功。

参观完大学警局和听完介绍后，我们总体感觉是，校园安全管理措施比较人性化，校园安全防卫措施很细致管用，警察局的安全管理工作比较主动，社会各方配合比较得力。

（本文发表于《法制日报》2010 年 11 月 30 日）

警察局需要人性化管理

2010 年年中，我走访了美国洛杉矶郡警察局、洛杉矶市警察局、旧金山圣何塞加州大学警察局和斯坦福大学等地。作为参观的第一站美国洛杉矶郡警察局，警察局局长巴卡向我们介绍他是如何管理警局的。巴卡已经有 30 多年的从警经验，对警局的管理有着自己一套独特的心得体验。

洛杉矶郡警察局是美国最大的郡警察局，覆盖 3157 平方英里，超过 400 万的常住人口。另外，同时向 9 所大学、市交通局、48 个法庭和不在洛杉矶郡警察局管辖范围内的一些居民社区和 40 个合同市提供服务。

由于今年预算增加，洛杉矶警局将会有 17000 名警员，这将是美国西海岸警员人数最多的警局。

巴卡认为建立公共信任政策实际上是在回答这样一个问题：19000 名警察局局长及警局应如何保护 3.3 亿人及他们的财产？他说，任何相关的回答或模式都应当首要包含公共信任原则。而公众参与则是现代多种族社会中实现公共信任的关键因素。警察与公众建立一种清晰和信任的关系是执行公务过程中一个至关重要的工具。

如何建立有效的公共信任，巴卡认为要坚持五项原则。

（一）公众参与

鼓励公众参与有助于建立公众信任，也是公共安全服务的主要责任之一。公众参与已经成为许多警局的有力措施之一，也是警局能够更好服务社区的重要渠道，其中包括成立社区队伍，以帮助打击黑帮团伙犯罪、毒品和其他一些暴力；社区教育项目，向社区人员传授相关法律常识；成立社区咨询委员会，以加强警局与社区人员的联系；定期的警局人员回访工作，以了解社区的需求；24小时的新闻部门，以最快的速度向社区提供相关信息和一些犯罪动态；成立志愿者队伍，是警局的有力"耳目"，向警局提供社区动态等。

（二）五个核心价值观

尊重、正直、智慧、公平、勇气是警员执行任务过程中必须时刻恪守的准则。具体说来就是，在执行任务过程中必须尊重每一个人的尊严，做事正直，是非分明，有判断的智慧，公平执法，勇敢地反对种族、性别等一切歧视。这些核心价值观受到公众的肯定，也是警局是否充分履行职责的简要判断标准。

（三）警员培训

警员的行为直接关系到公众对警局的信任。不规范的警员行为将会减少公众的信任，特别是在犯罪高发期。所以，对各个层次的警员进行培训，规范他们的行为举止对工作的成功完成至关重要。

（四）接受高等教育

新时代的警员必须是一个具备多种知识的人，善于思考，灵活应对，才能满足现代社会的需求和对付各种日益复杂和多样的犯罪行为。只有具备高素质的人才，才能有效解决时代的需求，所以，洛杉矶郡警局鼓励警员接受高等教育。为此，还设立了洛杉矶警局大学，由不同的学院和大学组成，为警员们提供不同的课程，提高他们的学识和职业技能，鼓励他们终身不断学习进步，以使他们更好地服务社区。自2002年起，洛杉矶郡警局已有384名研究生、364名本科生和350名职业生毕业于洛杉矶警局大学。

（五）透明度

公众与警局之间互相尊重和交流是政策透明度的保证。如果警员有不合适的行为发生，警局将会进行内部调查。但是在现代媒体的分析和

影响下，公众对警局的看法有可能受到媒体的不正确引导而产生偏见。因此洛杉矶郡警局设立了独立审查办公室，负责监督审查所有刑事和内部调查的全程程序，以保证调查准确、客观、公平和遵守法律规则。该办公室由 6 名律师组成。在过去的 6 年里，该办公室保证了所有的大小调查正当、准确，并对相关政策和管理提出建议。

警局同时和独立的第三方合作，处理公众对警局日常工作的投诉，这保证了所有的公众诉求可以得到有效、及时、充分的处理。

根据巴卡的介绍，我们感觉他对警局的管理贯彻了以人为本的宗旨。第一，鼓励警员接受高等教育外，如果有警员提出觉得自己哪方面的技能不足，希望得到某方面的培训，他都会尽可能地满足他们的需求。

第二，为了让警员有更好的工作环境，他给予警员更多的自由空间，比如如果觉得自己办公室的墙壁颜色不满意，他们可以自己进行更改。如果觉得技术设备不够先进，他会尽可能地满足，并想方设法配备。巴卡认为，犯罪案件的侦破，往往跟技术设备有关，特别是对于那些高科技犯罪，所以他都会尽最大努力满足。

第三，在食物方面，特别成立了食品服务部门，内部食堂提供食物，不但在食物提供方面节约了开支，而且还使食物多样化。洛杉矶郡警察局的食品服务部门据说是美国全国范围内比较领先和完备的。这个食品部门不但向内部提供服务，而且也向周边地区和其他相关部门提供服务。

第四，鼓励警员努力工作，给他们提供晋升的机会。只要对有工作成绩的，他都会尽可能地提供晋升的机会，让警员发挥更大的作用。

值得一提的是，洛杉矶警局的电子监管应用比较全面和先进。比如，法院在审讯犯人的时候，不需要将犯人押送到法庭，而是通过电子会议的形式进行询问。犯人在关押处接受询问，这样就节省了来回押送的费用，同时也提高了安全性。

（本文发表于《法制日报》2010 年 11 月 23 日）

责任编辑：张　立　江小夏
装帧设计：周方亚

图书在版编目（CIP）数据

见证中国法治：中外法律名家访谈录 / 汪闽燕 著 . —北京：
　人民出版社，2017.5
ISBN 978 - 7 - 01 - 017939 - 1

I. ①见…　II. ①汪…　III. ①社会主义法制 - 建设 - 研究 - 中国
　IV. ① D920.0

中国版本图书馆 CIP 数据核字（2017）第 160326 号

见证中国法治
JIANZHENG ZHONGGUO FAZHI
——中外法律名家访谈录

汪闽燕　著

人民出版社 出版发行
（100706　北京市东城区隆福寺街 99 号）

涿州市星河印刷有限公司印刷　新华书店经销

2017 年 5 月第 1 版　2017 年 5 月北京第 1 次印刷
开本：710 毫米 × 1000 毫米 1/16　印张：16.75
字数：220 千字

ISBN 978 - 7 - 01 - 017939 - 1　定价：56.00 元

邮购地址 100706　北京市东城区隆福寺街 99 号
人民东方图书销售中心　电话（010）65250042　65289539